Zentrum Moderner Orient
Geisteswissenschaftliche Zentren Berlin e.V.

Uwe Pfullmann

Thronfolge in Saudi-Arabien. Wahhabitische Familienpolitik von 1744 bis 1953

Arbeitshefte 13

Verlag Das Arabische Buch

Die Deutsche Bibliothek - CIP-Einheitsaufnahme

Pfullmann, Uwe:
Thronfolge in Saudi-Arabien: wahhabitische Familienpolitik von 1744 bis 1953 / Uwe Pfullmann. Zentrum Moderner Orient, Geisteswissenschaftliche Zentren Berlin e.V. - Berlin : Verl. Das Arab. Buch, 1997
(Arbeitshefte / Zentrum Moderner Orient, Geisteswissenschaftliche Zentren Berlin e.V. ; 13)
ISBN 3-86093-142-3 Pb.

Zentrum Moderner Orient
Geisteswissenschaftliche Zentren Berlin e.V.

Gründungsdirektor:
Prof. Dr. Peter Heine

Prenzlauer Promenade 149-152
13189 Berlin
Tel. 030 / 4797366

ISBN 3-86093-142-3 Pb.
Arbeitshefte

Bestellungen:
Das Arabische Buch
Horstweg 2
14059 Berlin
Tel. 030 / 3228523

Redaktion und Satz: Margret Liepach

Druck: Druckerei Weinert, Berlin
Printed in Germany 1996

Gedruckt mit Unterstützung der Senatsverwaltung für Wissenschaft, Forschung und Kultur, Berlin

Inhalt

Thronfolge im ersten und zweiten saudischen Staat

Einleitende Bemerkungen 5

Einbeziehung der sozialen Eliten Inner-Arabiens in die Staatsbildung 6

Die bint ᶜamm-Ehe 8
Die Sudairī-Familie 9
Legitimierung der Macht - dynastisches Prinzip oder šūrā? 13
Thronfolgeregelung im ersten und zweiten saudischen Staat 17

Der Bruderkrieg zwischen ᶜAbdallāh und Saᶜūd 19

Der Verlauf der Machtkämpfe 19
ᶜAbd ar-Raḥmān wird wahhabitischer Imam 21

Thronfolge im dritten saudischen Staat

Die Umverteilung der Macht auf Ibn Saᶜūd beginnt 22

Machtkämpfe mit den ᶜArāʾif 25

Innersaudische Auseinandersetzungen 29

Die Einsetzung von Emir Saᶜūd als Thronfolger - Machtrivalitäten zwischen Saᶜūd und Faiṣal 33

Emir Saᶜuds Rolle im öffentlichen Leben 33
Muḥammad ibn ᶜAbd ar-Raḥmāns Versuch, eine Opposition aufzubauen 37
Der Oppositionskandidat: Ḫālid ibn Muḥammad ibn ᶜAbd ar-Raḥmān 41
Die Opposition innerhalb der Dynastie wird beschwichtigt 44
Der Tod von Ḫālid ibn Muḥammad ibn ᶜAbd ar-Raḥmān 44

Die Söhne Ibn Saᶜūds ringen um die Thronfolge 46

Kriterien für die Auswahl des Thronfolgers 46
Faiṣal und Saᶜūd - Konkurrenten um die Macht 49
Ein neuer Favorit - Manṣūr betritt die Bühne 52
Muḥammad ibn ᶜAbd al-ᶜAzīz 56
Die Einordnung der Prinzen in Altersgruppen 56
König Saᶜūd ibn ᶜAbd al-ᶜAzīz 57

Mögliche Szenarien bei der Thronfolge nach Fahd 60

Anhang: Genealogische Übersichten 83

Thronfolge im ersten und zweiten saudischen Staat

Einleitende Bemerkungen

Saudi-Arabien als bedeutendster Erdölexporteur und -förderer besitzt enorme Bedeutung für die westliche Welt. Wer legt die Politik in Saudi-Arabien fest? Die Frage ist an und für sich einfach zu beantworten: die königliche Familie. Doch nach welchen Kriterien finden Machttransfer und Thronfolge in Saudi-Arabien statt? Die Anregung für diesen Band verdanke ich Alexander Bligh, der in seinem Buch "From Prince to King. Royal Succesion in the House of Saud in the Twentieth Century"[1] die wesentlichen Fragen hierzu beantwortet. Doch ich möchte weiter gehen und darlegen, daß immer wieder saudische Thronprätendenten versucht haben, sich in einer Provinz eine Machtbasis aufzubauen, und dabei ihre Verwandtschaftsbeziehungen zu einzelnen Stämmen, insbesondere ihre matrilateralen Beziehungen, genutzt haben, Machtansprüche geltend zu machen und gegebenenfalls durchzusetzen. Die Monographie versucht nachzuweisen, daß in der Āl Saᶜūd-Dynastie die Zahl der bint ᶜamm-Ehen (Parallelcousinen-Ehen) innerhalb der Familie immer dann wuchs, wenn es darum ging, einen Nachfolger für den Thron zu bestimmen. Der Kampf um die Nachfolge des Emirs ist so alt wie die arabische Gesellschaft. Der Islam hat zwar die Legitimierung der Macht beeinflußt, nicht aber das Auswahlprinzip eines Nachfolgers innerhalb einer herrschenden Dynastie. Wagner schreibt:

> "Bereits Ibn Saᶜūd begriff, daß die Existenz und Stabilität der Dynastie in hohem Maße von der Übereinstimmung und der Einigkeit seiner Nachkommen abhängen. Es wird berichtet, daß seine zahlreichen Söhne kurz vor seinem Tod einen heiligen Schwur ablegten, wonach der Thronfolger aus den Söhnen Ibn Saᶜūds und nicht aus den Nachkommen eines dieser Söhne bestimmt werden soll."[2]

Der Mythos des von Ibn Saᶜūd gewünschten Rotationsverfahrens unter seinen Söhnen hält sich hartnäckig.[3] Die guten Vorsätze hielten nicht lange an. Schon Ibn Saᶜūds Nachfolger König Saᶜūd versuchte, seine eigenen Söhne auf einflußreiche Positionen[4] zu lancieren, um seinem ältesten Sohn Fahd ibn Saᶜūd (geb. 1923) die Thronfolge zu sichern. M. J. Crawford[5] und J. Kostiner zeigen in ihren Studien, daß die führenden ᶜulamāᵓ nicht in der Lage waren, während der dynastischen Auseinandersetzungen bei den Āl Saᶜūd in der zweiten Hälfte des 19. Jahrhunderts den Frieden wiederherzustellen und die Einheit der wahhabitischen umma zu gewährleisten, was "offenbart, daß die Autorität von Religion begrenzt war"[6].

Einbeziehung der sozialen Eliten Inner-Arabiens in die Staatsbildung

Die Sauds verstanden es, durch eine geschickte Heiratspolitik fast alle einflußreichen Scheich- und Emir-Familien der Arabischen Halbinsel an sich zu binden. Madawi al-Rasheed bemerkte hierzu bezüglich der mit den Sauds rivalisierenden Ibn Rašīd:

> "Unter den raschidischen Emiren war die Heirat eine Institution, welche geprägt war von den Notwendigkeiten sowohl der menschlichen Reproduktion als auch des politischen Lebens. Die Komplexität ihrer politischen Beziehungen wurde in der Verschiedenheit ihrer Heiratsstrategien reflektiert, welche Endogamie und Exogamie kombinierten. Wenn man diese Strategien in ihren historischen und politischen Kontext stellt, kann man feststellen, warum die meisten Heiraten politisch bedeutungsvolle Akte waren..."[7]

Die Heiratstrategien gehörten zu einem System von Reproduktionsstrategien, welche einerseits existierende Produktionsverhältnisse weitgehend konservierten, andererseits dazu dienten, die Position des Clans oder der Familie in der Sozialstruktur zu erhalten oder zu verbessern. Neben den Heiratsbeziehungen, existierten auch die sogenannten Milchbruderschaften[8], d. h. die Beziehung zwischen einer bedeutenden Familie und der Familie der Amme, die einen Knaben aus dieser Familie gesäugt hatte.[9] Eine umfassende Untersuchung zu Heiratsbeziehungen auf der Arabischen Halbinsel hat M. al-Rasheed bezüglich der Ibn Rašīd-Dynastie erstellt. Als Schlüsselterminologie führt al-Rasheed die Begriffe bait (Haushalt: eine männliche Person mit seiner Frau/Frauen und seinen Kindern), ǧidd (Großvater), ǧidda (Großmutter), ab (Vater), umm (Mutter), ibn (Sohn), bint (Tochter), ʿamm (des Vaters Bruder/Vaterbruder - Parallelcousine[10]), ʿamma (Vaters Schwester), ibn ʿamm (Vaterbruders Sohn), bint ʿamm (Vatersbruder Tochter), aḫ (Bruder) und uḫt (Schwester) ein. Die Untersuchung führte zu dem Ergebnis, daß von 28 vollzogenen Heiraten von zwölf raschididischen Emiren 35,7 Prozent (zehn Ehen) endogam waren, d. h. entweder wirkliche bint ʿamm-Heiratsbeziehungen oder klassifikatorische bzw. genealogische bint ʿamm-Ehen. Weitere 39,2 Prozent der Heiraten (elf Ehen) fanden innerhalb des Šammar-Stammes statt, 14,2 Prozent (vier Ehen) waren Heiraten außerhalb des Stammes und 10,7 Prozent (drei Ehen) der Heiratsbeziehungen konnten nicht verifiziert werden.[11] Eine andere Kategorie von Verwandtschaftsbeziehungen wird angewendet, um die Mitglieder des Haushalts (bait) der Mutters zuzuordnen: ǧidd: Mutters Vater, ǧidda: Mutters Mutter, ḫāl: Mutters Bruder, ḫāla: Mutters Schwester, ibn ḫāl: Mutters-Bruders Sohn, bint ḫāl: Mutters Bruders Tochter, ibn ḫāla: Mutters Schwesters Sohn, bint ḫāla: Mutters Schwesters Tochter. Die mütterlichen Verwandten werden gewöhnlich als ḫawal zugeordnet, und dies wird auf alle mütterlichen Verwandten ausgedehnt, die nicht tatsächliche Brüder der Mutter sind. In dieser Beziehung ähnelt der Begriff ḫawal (Kreuzcousine) dem ibn ʿamm in dem

Sinne, daß beide in einem klassifikatorischen Sinne benutzt werden können, um eine Gruppe von Verwandten entweder auf der Seite der Mutter oder des Vaters einzuordnen, ohne die Existenz einer klar anerkannten Verwandtschaftsbeziehung nachvollziehen zu können. Die Tatsache, daß zwei Gruppen von Verwandtschaftsterminologien benutzt werden, um die mütterliche oder väterliche Verwandtschaft zuzuordnen, ist typisch für laterale Systeme. Die terminologische Unterscheidung schließt ein, daß die Beziehung zwischen Ego und seinen blutsverwandtschaftlichen Verwandten unterschiedlich ist in bezug auf seine Beziehung zu den Verwandten seiner Frau. Das erste Unterscheidungsmuster von seiner Beziehung zu seinen väterlichen Verwandten bezieht sich auf die Abstammung. Ego leitet seinen Namen von seinen männlichen Vorfahren ab, insbesondere von seinem väterlichen Großvater (ǧidd) oder entfernten Vorfahren. Dies manifestiert sich in der Verwendung des Begriffs Ibn Rašīd, um alle Emire von Ḥā'il zusammenzufassen, ungeachtet ihrer eigenen Namen. Die individuelle Identität, welche sich in der Verwendung des ersten Namens ausdrückt, wurde zugunsten des Sippennamen vernachlässigt. Die Beziehung zwischen Ego und seinen männlichen Agnaten wird durch die Verwendung des arabischen Namens nasab (literarisch: Rückgrat) charakterisiert. Wenn arabische Stammesmitglieder ihre männlichen Agnaten als asab zuordnen, verwenden sie die Vorstellung eines Knochens, d. h. eines harten Gegenstandes, von welchem die Lineage abgeleitet wird. Dieses Bild hebt die Zentralität der männlichen Agnaten in dem Verwandtschaftssystem hervor. Der Begriff des asab reflektiert die offizielle Verwandtschaftsideologie, wobei die Betonung auf die väterliche Abstammung gelegt wird.[12]

Doch viele mütterliche Verwandte ermutigten Rebellion und Streit unter den Brüdern ihrer Schwestern, die Mitglieder der raschididischen Familie waren. Dabei handelte es sich um eine informelle Unterstützung, welche die Agnaten entfremdete und teilte. Die folgenden beiden Beispiele illustrieren diesen Punkt. ʿAbdallāh ibn Rašīds Vater war mit Alya bint ʿAbd al-ʿAzīz ibn Himiyan verheiratet, die aus einem bekannten bait der Ǧaʿfar-Šammar stammte. Während ʿAbdallāhs Disput mit seinem väterlichen Cousin war er nicht in der Lage, Unterstützung bei seinen engen väterlichen Verwandten zu finden, die zu dieser Zeit nicht sehr einflußreich in Ḥā'il waren. Eine der möglichen Optionen war, bei seinen mütterlichen Verwandten Hilfe zu suchen.[13] Nach Auffassung von al-Rasheed war die Blutsverwandtschaft auf die Ideologie der patrilinealen Abstammung gegründet.[14] Die Bevorzugung der bint ʿamm-Heirat läßt sich bei vielen ethnischen Gruppen des Nahen und Mittleren Ostens finden. Ein überzeugendes Erklärungsmuster besteht darin, daß diese Heiraten zur Verstärkung der Einheit und Integration innerhalb der lineage (Sippe, Familie) beitragen. Die lineage-Endogamie wird in der Ethnologie als ein Austausch von Loyalitäten gesehen, in welchem ein führendes Mitglied der Familie oder Sippe zu Lebzeiten die politische "Lehenstreue" vom Sohn seines Bruders im Austausch für seine eigene Tochter erhält, welche er in die Ehe gibt. Der Vater der Tochter schafft auf diese Weise eine Verpflichtung zur Loyalität bei dem Sohn (Söhnen) seines Bruders (Brüder), die ihn im Gegenzug politisch unterstützen und seine Führungsrolle anerkennen. Als Gegenleistung sind die männlichen Verwandten vom Brautpreis weitgehend befreit. Hieraus schlußfolgert al-Rasheed, daß die bint ᶜamm-Ehe bei der Solidarisierung der Minimal-Lineage als eine korporative Gruppe im Fraktionskampf eine bedeutende Rolle spielt.[15] Diese Heiratsstrategie hatte eine unmittelbare, langandauernde politische Funktion in der Loyalitätssicherung. Al-Rasheed unterscheidet zwischen tatsächlicher und klassifikatorischer bint ᶜamm-Ehe.[16] Zugleich wurde auf diese Weise der familiäre Wohlstand innerhalb der gleichen Lineage gehalten. Der Ethnologe Holy führt hierzu aus:

> "Es ist möglich, zu sehen, wie Akteure die existierende Präferenz nutzen, um praktische Probleme zu lösen; indes ist es nicht möglich, umgekehrt zu beweisen, daß es diese praktischen Probleme sind, welche die Präferenz erzeugen, d. h. daß Leute bestimmte Präferenzen haben, weil sie nützlichen, praktischen Funktionen dienen."[17]

Doch viele Ethnologen vertreten die Auffassung, daß gerade die bint ᶜamm-Ehe die tribalen Gesellschaften atomisiert und Machtkämpfe geradezu herausfordert. Die bint ᶜamm-Ehe hat in der tribalen Gesellschaft einen positiven Wert als kulturelle Präferenz. Die psychologischen und sexuellen Spannungen, die indes bint ᶜamm-Ehen hervorzurufen scheinen, stellen die kulturelle Präferenz dieser Ehebeziehung im Alltagsleben wieder in Frage.

Die bint ᶜamm-Ehe

Die bint ᶜamm-Ehe, so die emische Sichtweise, hatte die Aufgabe, Familienverbindungen zu bekräftigen und Spannungen innerhalb der Familie zu vermindern. Exogame Ehen wurden mit der Erwartung geschlossen, durch die Hilfe anderer Lineages und Gruppen den eigenen politischen Einfluß ausweiten zu können. Somit könnte die Häufigkeit endogamer bzw. exogamer Ehen ein Spiegelbild der inneren Verhältnisse eines arabischen Emirats wie der Šammar oder der Āl Saᶜūd sein. Der hohe Anteil endogamer Ehen zeugte beim Šammar-Emirat von den existierenden Spannungen innerhalb der Ibn Rašīd, die meisten Emire kamen durch Mordkomplotte ums Leben.[18] Die Strategie der tatsächlichen bint ᶜamm-Heiratsbeziehung zielte "auf die Neutralisierung der konfliktbeladenen Beziehung zwischen Onkeln väterlicherseits und Neffen (Söhne der Brüder)"[19].

Diese Ehen zielten auf die Beilegung politischer Konflikte ab, insbesondere waren sie natürlich der Thronfolge inhärent, für welche keine festgelegten Regeln oder Hausgesetze wie in Europa existierten. Die gleiche Aussage kann man in etwa auch bei den Āl Saᶜūd erwarten. Ihre Heiratspräferenzen umfassen die Familien as-Sudairī, Āl aš-Šaiḫ sowie die königliche Familie mit ihren Nebenlinien. Wie die Sauds die lokale Oberschicht an sich zu binden wußten, soll am Beispiel des Sudairī-Clans beschrieben werden, der vor dem Auftreten der wahhābīya die Provinz Sudair mit der Hauptstadt Maǧmaᶜa beherrschte. W. G. Palgrave schrieb:

> "Hier herrschte bis in die jüngste Zeit die Familie Es-Sedejri, nach dem gewöhnlichen territorialen Namen, über die ganze Provinz. Die wahhabitischen Monarchen, deren unerschütterliche Anhänger sie immer gewesen, hatten sie in ihrer erblichen Würde bestätigt, und was ihnen an nomineller Abhängigkeit abging, wurde durch einen Zuwachs an wirklicher Macht ausgeglichen... Sedejr war in den letzten Jahrhunderten immer eng mit dem Aredh verbunden..."[20]

Die Sudairī-Familie

Die Konvertiten zur wahhābīya verblieben für einige Zeit in ihrer angestammten Funktion, um dann später in einer anderen Provinz wieder zu Macht und Würden zu kommen. Die Einbindung der lokalen Oberschichten und der Stammesaristokratie war ein Grundzug der saudischen Politik. Das prägnanteste Beispiel für diese Politik ist sicher die Sudairī-Familie. Die Familie entwikkelte im Laufe der Zeit eine starke Beamtentradition, sie hatte schließlich unter König Ibn Saᶜūd die wichtigsten Machtpositionen inne. Aḥmad ibn Muḥammad as-Sudairī war der Sohn des Emirs von Maǧmaᶜa. Nach dem Tod seines Vaters verblieb er Anfang der sechziger Jahren des 19. Jahrhunderts eine Zeitlang als Emir in Maǧmaᶜa, gemeinsam mit seinen jüngeren Brüdern Muḥammad und ᶜAbd al-Muḥsin. Aḥmad wurde später von Imam ᶜAbdallāh zum Führer einer Expedition in den Oman ernannt und Statthalter der al-Buraimī-Oase. Muḥammad as-Sudairī (Bruder von Aḥmad as-Sudairī) wurde Vizegouverneur der Stadt al-Hufūf. ᶜAbd al-Muḥsin war eine Zeitlang Statthalter der Sudair-Provinz, wurde aber 1865 seines Amtes enthoben.[21] Ibn Saᶜūds Großvater mütterlicherseits (und Schwiegervater), Aḥmad ibn Muḥammad al-Kabīr as-Sudairī, scheint in den achtziger Jahren die "graue Eminenz" hinter ᶜAbd ar-Raḥmān gewesen zu sein. Unter Emir ᶜAbd al-ᶜAzīz (im folgenden: Ibn Saᶜūd) wurde der Schwiegervater von Ibn Saᶜūd Emir der Provinz al-Ḥarīq[22], des Stammsitzes der ᶜArāʾif, der agnatischen Rivalen Ibn Saᶜūds, die gegenüber dem ᶜAbd ar-Raḥmān- bzw. ᶜAbd al-ᶜAzīz-Zweig aufgrund ihrer Seniorität die "älteren Rechte" auf die Position des Imams geltend machen konnten.

Zu welchem Einfluß die einstigen Herren von Maǧmaᶜa unter der saudischen Herrschaft gelangten, soll folgende Übersicht verdeutlichen:

1. ᶜAbdallāh ibn Saᶜd as-Sudairī: Stellvertretender Emir von Medina

2. ᶜAbd ar-Raḥmān ibn Aḥmad as-Sudairī: Emir von al-Ǧauf. Nach dem zweiten Weltkrieg wurde ᶜAbd ar-Raḥmān ibn Aḥmad as-Sudairī qā'im-maqām von Ǧidda[23].
3. Ḫālid ibn Aḥmad as-Sudairī: Emir von Ḍabā (Ḥiǧāz)
4. Muḥammad ibn Aḥmad as-Sudairī: Emir des nordwestlichen Gebiets von Saudi-Arabien (mit dem Hauptort Tabūk als Zentrum). Muḥammad ibn Aḥmad as-Sudairī wurde Ende der vierziger Jahre Gouverneur der Tapline (der staatlichen Öladministration). Zugleich übte Muḥammad ibn Aḥmad as-Sudairī seit 1951/52 das Amt eines Emirs der neugeschaffenen Ostprovinz aus, die sich weitgehend mit der Provinz al-Ḥasā (Emir Saᶜūd ibn Ǧalawī) überschnitt, ohne daß eine eindeutige Kompetenzaufteilung zwischen beiden Verantwortlichen erkennbar wäre.
5. Musāᶜid ibn Aḥmad as-Sudairī: Emir von Ǧizān (seit 1933)
6. Turkī ibn Aḥmad as-Sudairī: Emir von Abhā (ᶜAsīr - U. P.)
7. ᶜAbd al-ᶜAzīz ibn Aḥmad as-Sudairī: Befehlshaber der Grenztruppen im Nordwesten Saudi-Arabiens (mit dem Hauptort Tabūk)[24].

Diese augenfällige Machtposition reflektiert ein von Max W. Bishop Anfang 1952 wiedergegebenes Sprichwort:

> "There ist a well-known saying in Saudi Arabia that the House of Saud rests on three stones: the Amir Saud ibn Jiluwi of Al Has (al-Ḥasā - U.P.), the Amir Turki ibn Sudairi of Asir, and the Amir Abdul Aziz ibn Musa'id ibn Jiluwi of Hail (Ḥā'il - U.P.). It will be interesting to see if Mohammed Sudairi of Badanah (Verwaltungssitz der Tapline - U.P.) becomes a 'fourth stone'."[25]

Bedeutend ist auch die Rolle der Töchter Aḥmad as-Sudairīs:
1. Sāra bint Aḥmad as-Sudairī: verheiratet mit ᶜAbd ar-Raḥmān, Mutter von Ibn Saᶜūd
2. Hazza' bint Aḥmad as-Sudairī, verheiratet mit ᶜAbd ar-Raḥmān, Mutter von Muḥammad ibn ᶜAbd ar-Raḥmān
3. Sulṭāna bint Aḥmad as-Sudairī, verheiratet mit Faiṣal ibn ᶜAbd al-ᶜAzīz (König von 1964-1975), Mutter von ᶜAbdallāh ibn Faiṣal (bis 1960 Gesundheits- und Innenminister, ältester Sohn Faiṣals)
4. Muḍī bint Aḥmad as-Sudairī, verheiratet mit Nāṣir ibn ᶜAbd al-ᶜAzīz (bis 1947 Gouverneur von ar-Riyāḍ)
5. Hazza' bint Aḥmad as-Sudairī[26] (eine Verwechslung mit der Mutter von Muḥammad ibn ᶜAbd al-ᶜAzīz ist leicht möglich - offensichtlich wurden die Namen verstorbener Kinder erneut vergeben), verheiratet mit Ibn Saᶜūd und Mutter der Sudairī-Sieben (Fahd, Sultan, ᶜAbd ar-Raḥmān, Nāyif, Turkī, Salmān, Aḥmad)
6. Ǧauhara bint Saᶜd as-Sudairī, zunächst mit dem Vollbruder Ibn Saᶜūds, Saᶜd, verheiratet, nach dessen Tod 1916 mit Ibn Saᶜūd, Mutter von Saᶜd, Musāᶜid und ᶜAbd al-Muḥsin

7. Haiʾa bint Saʿd as-Sudairī, verheiratet mit Ibn Saʿūd, Mutter von Badr, ʿAbd al-Ilāh und ʿAbd al-Māǧid.

Die deutliche Präferenz der mütterlichen Verwandten ist augenfällig. Die Söhne von Aḥmad ibn Muḥammad aṣ-Sudairī und in den letzten Jahren seine Enkel nahmen bzw. nehmen Schlüsselpositionen als Gouverneure und stellvertretende Gouverneure in den dreizehn Provinzen Saudi-Arabiens (al-Ḥudūd aš-šamālīya, al-Quraiyāt, al-Ǧauf, al-Qaṣīm, Ḥāʾil, Tabūk, al-Madīna, Mekka, ʿAsīr, al-Ḥasā, ar-Riyāḍ, al-Bāḥa, Naǧrān) ein.[27]

Im Gegensatz dazu spielten die männlichen Agnaten wie die eigenen Brüder nur so lange eine Rolle, bis Ibn Saʿūds Söhne alt genug waren, das Vakuum zu füllen. Welche Bedeutung dennoch auch die bint ʿamm-Ehe für Ibn Saʿūd hatte, beweist das Beispiel seines Vollbruders Saʿd, neben seinem Halbbruder Muḥammad wohl der gewichtigste Thronrivale:

1. Der 1910 geborene Sohn Saʿds, Faiṣal, heiratete Qumaša bint ʿAbd al-ʿAzīz.
2. Der 1912 geborene Sohn Fahd ehelichte ʿAnūd bint ʿAbd al-ʿAzīz. Beide Frauen Saʿds waren Töchter Ibn Saʿūds.[28]

Saʿds Söhne als potentielle Thronkandidaten (aufgrund ihrer Sudairī-Herkunft wie ihr Onkel Ibn Saʿūd) heirateten zwei Töchter von Ibn Saʿūd, da er vermutlich wegen seiner Sudairī-Herkunft neben Muḥammad der ernsthafteste Konkurrent für die Söhne Ibn Saʿūds war. Saʿds Sohn Saʿūd (geb. nach 1912) heiratete Ǧauhara bint Saʿd as-Sudairī. Muḥammad ibn ʿAbd ar-Raḥmān entstammte gleichfalls einer Verbindung seines Vaters mit einer Sudairī-Frau (Hazzaʾ bint Aḥmad as-Sudairī, einer Schwester von Sāra bint Aḥmad as-Sudairī, der Mutter Ibn Saʿūds).[29] Von den 36 Söhnen Ibn Saʿūds, die die Kindheit überlebten, entstammen 13 einer Verbindung mit einer Sudairī-Mutter[30], was einem Anteil von 36,1 Prozent von allen Söhnen entspricht.

Rechnet man zu den 13 Söhnen, die aus den Ehen Ibn Saʿūds mit Ǧauhara bint Saʿd as-Sudairī, Hazzaʾ bint Aḥmad as-Sudairī und Haiʾa bint Saʿd as-Sudairī entstammen, noch die Söhne von Ǧauhara bint Musāʿid ibn Ǧalawī[31] (Muḥammad und Ḫālid[32]) hinzu, deren Mutter eine Sudairī war (d.h. in bezug auf Ibn Saʿūd bint ʿamm zweiter Kategorie - Großväter waren Brüder wie auch bint ḫāla - Mutters Schwester Tochter), beläuft sich der Sudairī-Anteil auf immerhin 41,67 Prozent endogame Ehen. Ein ähnliches Resultat erzielt man bei den indes weit weniger gut dokumentierten Töchtern Ibn Saʿūds: von 20 namentlich bekannten Töchtern sind acht (40 Prozent) direkt von Sudairī-Herkunft, und bezieht man Ǧauharas Tochter ʿAnūd ein, sind es gar 45 Prozent.[33] Ein paralleles Bild erhält man, wenn man die Ehebeziehungen von Ibn Saʿūds Vater ʿAbd ar-Raḥmān untersucht: von seinen zehn Söhnen sind drei (30 Prozent) von Sudairī-Herkunft (Ibn Saʿūd, Muḥammad und Saʿd), während die matrilaterale Herkunft der anderen unbekannt ist. Ein gleichartiges Bild ergibt sich bei den Töchtern (drei von neun sind von Sudairī-Frauen, d. h. ein Drittel).[34] Schon dies ist Beleg für die Bedeutung und den Einfluß dieser Sudairī-

Frauen (Sāra und Hazza'[35] bint Aḥmad as-Sudairī), deren Vater Aḥmad ibn Muḥammad as-Sudairī al-Kabīr (der Große) genannt wurde, eine Bezeichnung, die die tatsächlichen Machtverhältnisse zwischen ʿAbd ar-Raḥmān und Aḥmad as-Sudairī besser widerspiegelt als alle Mutmaßungen. Die gleiche Praktik der bint ʿamm-Beziehung wurde auch später angewandt, um die beginnende Rivalität zwischen Ibn Saʿūds Söhnen Saʿūd und Faiṣal zu entspannen. Ibn Saʿūds Strategie, in hohem Maße matrilaterale Verwandte in die Machtausübung einzubinden, um seine eigene dynastische Position für sich und seinen ältesten Sohn zu sichern, war einer der Grundzüge seiner Familienpolitik.

Es scheint offensichtlich so zu sein, daß zu Zeiten der Expansion, sei es nun beim Wahhabitenreich der Saud oder bei den Ibn Rašīd, die Zahl der exogamen Ehen in die Höhe schnellt, während die Zahl der bint ʿamm-Ehen rückläufig ist. In Zeiten der Expansion vermag der Herrscher seine Fortune zu beweisen, mit der Eroberung werden neue Akkumulations- und Geldquellen erschlossen, und die Stabilität der Herrschaft ist größer. In Zeiten der Krise werden bint ʿamm-Ehen, in der Regel tatsächliche bint ʿamm-Ehen ersten oder zweiten Grades, geschlossen, um potentielle Thronrivalen an den Herrscher oder designierten Thronfolger zu binden. Dies soll im folgenden an Ibn Saʿūd bewiesen werden. Die Tatsache, daß Ibn Saʿūd wenigstens zwei älteren Brüdern (Faiṣal - 1870-1920[36]) und Fahd (geb. 1875, sein Todesjahr ist unbekannt; vermutlich starb er 1890/91, da mehrere Quellen angeben, daß zwei saudische Prinzen in der Schlacht von Mulaida 1891 umkamen, bei denen es sich um Faiṣal und Fahd handeln könnte) und vermutlich auch Muḥammad ibn ʿAbd ar-Raḥmān in der Thronfolge vorgezogen wurde, kann nur dem Einfluß der Sudairī-Familie zugeschrieben werden. Nach dem Bruderkrieg zwischen ʿAbdallāh und Saʿūd (1871-1875) konnte sich der jüngste Sohn des großen Faiṣal 1884 nur mit Hilfe des mächtigen Sudairī-Clans durchsetzen. Zweifellos haben die ḫawal, die mütterlichen Verwandten, für Ibn Saʿūd viel getan. Diesem matrilateralen Background verdankt Ibn Saʿūd die Macht, neben seinen unbestrittenen persönlichen Qualitäten als Politiker und Stammesführer.

Die heute immer wieder erwähnten Sudairī-Sieben, die Vollbrüder aus der Ehe von Ibn Sāʿūd mit Hazza' bint Aḥmad as-Sudairī (Fahd - König, Sulṭān - Verteidigungsminister, ʿAbd ar-Raḥmān - Vizeminister für Verteidigung und Luftfahrt, Nāyif - Innenminister, Turkī - Vize-Innenminister bis 1978, Aḥmad - Vize-Innenminister, Salmān - Gouverneur von ar-Riyāḍ) sowie acht Schwestern (hiervon sind nur drei namentlich bekannt: Ǧauhara, Laṭīfa und Luluwa) bilden einen Block, der wiederum mittels Heiratsbeziehungen seinen Einfluß ausdehnen will. Insbesondere sollen die Sudairī-Sieben beabsichtigen, Kronprinz ʿAbdallāh (Chef der Nationalgarde) auszuschalten, was ihnen bisher jedoch nocht nicht gelungen ist.[37] ʿAbdallāh wurde 1964 Chef der Nationalgarde. Die Behauptung von Önder, die Nationalgarde bestehe hauptsächlich aus Angehörigen der Šammar-Stämme[38], ist zwar nicht nachzuprüfen, doch dürfte das Bemühen von ʿAbdallāh schon in diese Richtung gehen[39], verfügt er doch im Gegensatz zum Faiṣal-Block (ʿAbdallāh; Muḥammad, Ḫālid [Gouverneur der ʿAsīr-Provinz]; Saʿūd [Außenminister]; ʿAbd ar-Raḥmān [Chef der Panzerstreitkräfte]; Saʿd, Bandar [Oberstleutnant der Luftwaffe]; Turkī [Geheimdienstchef]) oder den Sudairī-Sieben über keine so fundierten Machtgrundlagen und Heiratsverbindungen (Bandar ibn Faiṣal ibn ʿAbd al-ʿAzīz ist z. B. mit einer Tochter [bint ʿamm] von Prinz Sulṭān ibn ʿAbd al-ʿAzīz [Verteidigungsminister] verheiratet, während Saʿūd ibn Faiṣal ibn ʿAbd al-ʿAzīz, der Außenminister, Ǧauhara bint ʿAbdallāh ibn ʿAbd ar-Raḥmān [bint ʿamm] geheiratet hat. Turki ibn Faiṣal [Geheimdienstchef] wiederum hat, vermutlich zum Machtantritt seines Vaters als König, eine Schwester [bint ʿamm] von Ḫālid ibn Fahd ibn Ḫalid ibn Muḥammad ibn ʿAbd ar-Raḥmān geheiratet, dem Enkel des ambitiösen Ḫālid, der 1937 unter mysteriösen Umständen aus dem Leben schied.) Weitere Beispiele bezüglich von bint ʿamm und bint ḫāla/ḫāl-Ehen lassen sich mühelos aufzählen:

1. Muḥammad ibn Fahd ibn ʿAbd al-ʿAzīz (Geschäftsmann und fünftältester Sohn König Fahds), verheiratet mit Nūra bint Nāyif (Tochter des Innenministers - Fahd und Nāyif sind Sudairī-Vollbrüder) - bint ʿamm
2. Faiṣal ibn ʿAbd al-ʿAzīz (König 1964-1975), war verheiratet mit Sulṭāna bint Aḥmad as-Sudairī - dieser Beziehung entstammte Faiṣals ältester Sohn ʿAbdallāh ibn Faiṣal (geb. 1921 - bis 1960 Innenminister, dann Geschäftsmann) - Kreuzcousine, Tochter des Großvaters mütterlicherseits
4. Saʿd ibn ʿAbd ar-Raḥmān (Vollbruder Ibn Saʿūds), war verheiratet mit Ǧauhara bint as-Sudairī - bint ḫāla
5. Turkī ibn ʿAbd al-ʿAzīz, ist verheiratet mit Nūra bint ʿAbdallāh ibn ʿAbd ar-Raḥmān - bint ʿamm
6. Nāṣir ibn ʿAbd al-ʿAzīz (geb. 1920 - bis 1947 Gouverneur von ar-Riyāḍ), heiratete Muḍī bint Aḥmad as-Sudairī - Kreuzcousine, Tochter des Großvaters mütterlicherseits[40]
7. Faiṣal ibn ʿAbd al-ʿAzīz, der spätere König Faiṣal, heiratete Iffat bint Aḥmad Āl Ṯunaiyān - bint ʿamm

Legitimierung der Macht - dynastisches Prinzip oder šūrā?

Die Prämisse Bassam Tibis, daß die "Modernisierung eine funktionale Differenzierung des Sozialsystems bedeutete, in deren Verlauf das Religionssystem sich auf ein Teilsystem der Gesellschaft reduziert"[41], stellt zwangsläufig die Frage, ob eine islamisch legitimierte Ordnung in einem komplexer werdenden Sozialsystem sich behaupten kann. Der Sturz Schah Reza Pahlawis stellte die Frage des Verhältnisses von Religion und Weltlichkeit, von Islam und Staat, eindringlich neu. Nach Überzeugung muslimischer Gelehrter haben Staat und Glauben eine Einheit zu bilden, die umma (dīn wa daula), zwischen denen keine Unterscheidung vorgenommen wird. Diese theokratische Staatskonzeption war jedoch stets eine Fiktion; nichtmuslimische Religionsgemeinschaften standen zwar außerhalb der umma, aber nicht außerhalb des Staates (z.B. Besteuerung). In der Regelung ihrer religiösen Angelegenheiten blieben diese Gemeinschaften weitgehend autonom. Der sunnitische Islam - und die wahhābīya zählt hierzu - kennt als religiös legitimierte Staatsformen nur das Kalifat[42], der schiitische Islam nur das Imamat[43] als Regierungsformen. Der Prophet hatte zunächst in Yaṯrib die Position eines ḥākim (auch ḥakam) - eines Schiedsrichters - im Streit der verfeindeten arabischen Stämme inne. Seine Position glich derjenigen der ersten römischen Cäsaren, die *princeps inter pares* waren. Seine Position war nicht unangefochten und aus dieser ungefestigten Machtpo-sition heraus war der Prophet auf das Prinzip der šūrā (arab.: Beratung, Konsultation) angewiesen. Diese Beratung entsprach den Gepflogenheiten der Zeit und ist vergleichbar mit der militärischen Demokratie der etwa zeitgleichen Auflösung der Stammesstrukturen bei den Germanen, des Thing. Selbst bei Muḥammad gibt es einen Rückgriff auf matrimoniale Strategien.[44]

Die šūrā als Beweis einer "islamischen Urdemokratie"[45] anzuführen, ist indes abwegig, da mit der Machtkonsolidierung Muḥammads und seiner herausgehobenen Rolle als Prophet das šūrā-Prinzip in seinen letzten Lebensjahren obsolet wurde. Auch bei den vier rechtgeleiteten Kalifen (al-ḫulafāʾ ar-rašīdūn) kann man kaum von einer šūrā-Wahl ausgehen, da die jeweilige Festlegung des Kalifen eher aus dem Augenblick heraus geschah und einer Akklamation gleichkam. Wären des Propheten Söhne am Leben geblieben, hätte es wohl eine dynastische Nachfolge gegeben. Die Auswahl der ersten vier Nachfolger des Propheten erfolgte im Prinzip nach dem Konsens der Prophetengefährten, trug somit eigentlich egalitäre Züge, die eine besondere Ausprägung bei den Ḫāriǧiten und den Ibāḍiten fand. Die Machtergreifung der Umayyaden 661 n. Chr. bedeutete eine dynastische Okkupierung der Macht, die Thronfolge[46] erfolgte nicht mehr nach Konsens, sondern nach Verwandtschaftsbeziehungen. Darauf Bezug haben die zwei Haupttraditionen politischer Legitimität, die Watt als "autokratische" und "konstitutionelle" Legitimität bezeichnet. Autorität wird "als Ausfluß eines charismatischen Individuums oder einer charismatischen Gemeinschaft"[47] aufgefaßt. Geertz verwendet die Begriffe "inhärent" und "vertragsmäßig":

> "Wie Watt ausführt, ist die entscheidende Frage die, ob das Recht zu herrschen als eine körperliche Eigenschaft, ein magischer Bestandteil der Person des Herrschers angesehen wird oder als etwas, was ihm auf unerklärliche und komplizierte Weise von denen, die er beherrscht, verliehen wird. Die Theorie der 'inhärenten' Legitimität, jene, die Autorität als etwas ansieht, was dem Herrscher als Herrscher inhärent ist, geht nach Watt auf die schiitische Vorstellung vom Heiligen Führer, dem Imam, zurück; die 'Vertrags'-Theorie führt er auf das sunnitische Konzept einer sakralen Gemeinschaft, der Umma, zurück."[48]

Die Tatsache, daß sich schon nach den ersten vier Kalifen ein dynastisches Erbprinzip durchsetzte, was im wesentlichen eine autokratische, inhärente Legitimität reflektierte, war zudem in der Regel ab 750 n. Chr. an die echte oder angebliche Abstammung vom Propheten oder von seiner Familie gebunden,[49] die Personen spirituelle und charismatische Fähigkeiten verlieh, Voraussetzungen für Autorität und Macht.

> "Die Imam-Vorstellung leitet sich natürlich von der schiitischen Anerkennung[50] - und sunnitischen Verwerfung des Anspruchs Alis ... und seiner Nachkommen her, ein ererbtes und vererbbares Recht auf das Kalifat, die geistliche Führerschaft der islamischen Gemeinschaft, zu haben. Die Umma-Vorstellung leitet sich von den sunnitischen Rechtsgelehrten her, die auf der Unterwerfung unter eine standardisierte Interpretation des Ritus und der Lehre - ihre Interpretation - als dem ausschlaggebenden Moment der Mitgliedschaft in der Gemeinschaft Mohammeds bestanden, eine Unterwerfung, die für Könige und Hirten gleichermaßen gilt."[51]

Die meisten charismatischen Führer islamischer Bewegungen behaupteten, Nachkommen aus der Prophetenfamilie zu sein, was ihnen aus sich heraus spirituelle Kraft verlieh. Die Sauds als "Schwert der Bewegung" konnten aufgrund ihrer genealogischen Herkunft[52] keine inhärente Legitimation beanspruchen. Die mangelnde genealogische Legitimation der Sauds führte dazu, daß sie ihre Argumentation auf die Fähigkeiten des Herrschers verlegten, den reinen, ursprünglichen Islam zu predigen - sozusagen eine egalitäre Thronfolge wie bei den Ḫāriǧiten oder Ibāḍiten -, aber dennoch die Führung der wahhābīya[53] dynastisch besetzten. Sie waren deshalb auf die Sanktionierung des Herrschers durch die wahhabitische umma angewiesen, was die wahhābīya als ethnisch-religiöse Gemeinschaft auf ein enges geographisches Gebiet beschränkte und dazu führte, daß die sie nur ein geringe Wirkung hatte.[54] Die wahhabitischen ʿulamāʾ waren für die Sauds eine weitere Quelle der Legitimität.

> "... in Friedenszeiten zog indessen Saud bloß die Olemaʾs in Derayeh zu Rathe. Diese gehören hauptsächlich zur Familie des Abd el Wahab, des Stifters der Secte. Sie sind zahlreich zu Derayeh und besitzen bedeutenden Einfluß... Es ist mir nicht genau bekannt, welche positiven Rechte, oder Privilegien sie besitzen; aber so viel ist ausgemacht; daß Saud ihnen jede wichtige Angelegenheit mittheilte, ehe eine letzte Entscheidung erfolgte."[55]

Die Sauds konnten mit Hilfe der wahhābīya ihr soziales Prestige erhöhen.

> "Die Nutzung der wahhabitischen Theologie war hierfür durchaus rational: denn mit einer spezifischen Kultur, die im religiösen Raum einen Alleinvertretungsanspruch erhob, konnten sie ihr geringes soziales Prestige in der Stammesgesellschaft ausgleichen. Tatsächlich war ihr nasab, also ihre Stammesgenealogie, im Vergleich zu den anderen, mächtigen Stämmen von Naǧd 'unbedeutend'.[56] Die Zuordnung einer innerweltlichen Interpretation des Islam wirkte ausgleichend, so daß die 'traditionelle'

> Herrschaft einem neuen Herrschaftstyp weichen mußte. Trotz der Versuche, den nasab als Herrschaftsinstanz ganz abzuschaffen - eine der theologischen Hauptforderungen der frühen wahhābīya-, mußten auch die wahhabitischen Gelehrten das genealogische Herrschaftsprinzip anerkennen. Sie begründeten eine interne Gelehrtenhierarchie, an deren Spitze die Familie des Gründers, Ibn ᶜAbdalwahhāb, stand. Diese Familie, die Āl aš-Šaiḫ, integrierte so den nasab in ihre Herrschaftslegitimität und relativierte entsprechend die Position der Religion als Ordnung. Die pietistische Lösung des Konflikts zwischen Glaube und Welt bestand also nicht in der Errichtung eines 'Gottesstaates'[57], sondern in der Harmonisierung des Konflikts durch eine gegenseitige Anerkennung (baiᶜa): Die saudischen Fürsten unterwarfen sich dem Pietismus, die Pietisten unterwarfen sich den Fürsten."[58]

In der skripturalistischen Bewegung der wahhābīya konnte als Erfolg nur das Prinzip der Stämme gelten, da Koran und sunna keine Handlungsanleitung anboten. Hinzu kam, daß "ein polygames System unvermeidlich periodisch wiederkehrenden Familienstreitigkeiten ausgesetzt (ist)"[59].

M. al-Rasheed hat folgende Unterscheidungsmerkmale von tribaler und islamisch legitimierter Herrschaft herausgearbeitet:

Charakteristiken	**Tribale Herrschaft**	**Islamische Herrschaft**
1. Legitimierung	Tradition und Persönlichkeit	politische Religion
2. Status	in hohem Maße abgeleitet von Herkunft, persönlichen Qualitäten und militärischen Fähigkeiten	in hohem Maße abgeleitet von Pietät und Kenntnis des Islam
3. Rollenverständnis	politische und militärische Aufgaben und Vermittler in Streitigkeiten	politische und militärische Aufgaben und Richter in Streitigkeiten
4. militärische Macht	Stammesstreitmacht, rekrutiert entsprechend der Gewohnheit	Muslime, die bereit sind, für die Verbreitung des Islam zu kämpfen, Sklaven
5. Kriegsziele	Expansion und Verteidigung der Šammar-Oberherrschaft	Expansion und Verbreitung der islamischen Regierung
6. Einkünfte	Tribute, Beute und Steuern, gesammelt entsprechend der Gewohnheit	zakāt und Beute, gesammelt entsprechend dem islamischen Gesetz
7. Nachfolge	unbestimmt	šūrā in der Theorie, aber Primogenitur in der Praxis[60]

Die Ursprünge des saudischen Königreiches liegen in der Mitte des 18. Jahrhunderts.[61] Sa^cūd (1747 verstorben), der Gründer der Dynastie, hinterließ vier Söhne: Muḥammad, Mišārī, Farhan und Tunaiyān.[62] Die Sauds und der Rechtsgelehrte Muḥammad ibn ᶜAbd al-Wahhāb schlossen einen Vertrag, in dem sich die Muḥammad ibn Saᶜūd verpflichtete, daß Schwert der neuen Bewegung zu sein.[63] Jedoch war es zunächst schwierig, die neue Lehre zu verbreiten. Widerstand leisteten die an Religionsspitzfindigkeiten ohnehin wenig interessierten Stämme von Wašm[64] und Sadīr sowie der Emir von ar-Riyāḍ, Dahhām ibn Dawwās.[65] Dieser Widerstand wurde erst nach einem langjährigen Kleinkrieg gebrochen. Die muwaḥḥidūn[66] - wie sie sich selbst nannten - lehnten alle Objekte der Verehrung außer Allah ab. Als verdammenswert stuften sie den Besuch von Heiligengräbern ein und brandmarkten es als Polytheismus, den Namen von Propheten, Heiligen oder Engel in ein Gebet einzufügen. Unglauben (kufr) wäre, den Koran durch Kommentare (taʾwīl) zu erklären. ᶜAbd al-Wahhāb erkannte das von den Ḥanbaliten erlaubte iǧmāʾ an, andere Wahhabiten leugneten generell die Autorität des iǧmāʾ.[67]

Thronfolgeregelung im ersten und zweiten saudischen Staat

Die Wahhabiten unterschieden sich von der Lehre Ibn Ḥanbals dahingehend, daß sie die Anwesenheit beim öffentlichen Gebet (ṣalāt) als verbindlich für alle Gläubigen erklärten, das Rauchen von Tabak mit einer Strafe von 40 Stockschlägen belegten und auch Handelsgewinne besteuerten. Überhaupt waren sie in ihrer Frühphase jeglichem Luxus abhold. Der Gebrauch einer Gebetskette, ähnlich dem katholischen Rosenkranz, wurde abgelehnt. Mit dieser Kette zählt der Muslim die 99 ehrenden Beinamen Gottes auf. Die Ultra-Hanbaliten hingegen zählten die Namen Gottes an den Knöcheln der Hand ab.[68] Die schlimmsten Auswüchse, die die Verderbtheit der "Abtrünnigen" zeitigte, waren nach Ansicht der Wahhabiten neben dem unmoralischen Lebenswandel die Heiligenverehrung[69] und der Bau aufwendiger Grabstätten für die Verstorbenen.[70] Auf Muḥammad ibn Saᶜūd folgte ᶜAbd al-ᶜAzīz ibn Muḥammad ibn Saᶜūd (1766-1803).

> "So lange Abd el Azyz lebte, mußten die großen Scheikhs seinem Sohne Saud Treue schwören, welcher nach dem Tode seines Vaters ohne allen Widerstand zur höchsten Macht gelangte. Auf diese Weise schworen auch die Scheikhs nach der Zeit dem Abdallah Treue, während sein Vater Saud noch lebte. Die Araber halten es indessen nicht für nothwendig, daß die Würde des Oberhaupts von dem Vater auf den Sohn forterbe. Saud hätte auch einen seiner Brüder zu seinem Nachfolger ernennen können, und es läßt sich deshalb annehmen, daß dasselbe System zu Derayeh herrscht, nach welchem überall in der Wüste der Scheikh eines Stammes gewählt wird."[71]

1788 ernannte ᶜAbd al-ᶜAzīz im Einvernehmen mit Scheich Muḥammad ibn ᶜAbd al-Wahhāb seinen Sohn Saᶜūd zum Nachfolger. Obwohl sein Bruder ᶜAbdallāh noch am Leben war, versuchte Imam ᶜAbd al-ᶜAzīz erfolgreich, dieses Primogeniturrecht auf seinen ältesten Sohn zu übertragen und mittels der baiᶜa zu seinen Lebzeiten von allen einflußreichen Stammesführern und den Provinzgouverneuren sanktionieren zu lassen.

> "Dies ist eine alte arabische Praxis, die den Zweck hat, Nachfolgekämpfe zu verhindern, eine sehr notwendige Maßnahme, da die Herrschaft bei den Arabern nicht automatisch auf den ältesten Sohn übergeht."[72]

Es hat den Anschein, daß überragende Herrscher relativ leicht die Herrschaft ihren Söhnen übergeben konnten, ohne ihre eigenen Brüder fürchten zu müssen. Dies hängt zweifellos auch mit der Dauer ihrer Herrschaft und der Anzahl ihrer Söhne zusammen.[73] Die baiᶜa für den designierten Thronfolger (wālī al-ᶜahd) scheint stets zu einem Zeitpunkt erfolgt zu sein, als der Herrscher die Macht im Innern konsolidiert hatte und die von ihm gewünschte Thronfolgeregelung relativ mühelos durchsetzen konnte. Die Nachfolge in der Saᶜūd-Familie zu Beginn des 19. Jahrhunderts scheint noch nicht das Prinzip der Seniorität[74] reflektiert zu haben, welches von den Raschididen und den Stämmen[75] der Arabischen Halbinsel befolgt wurde. Imam Saᶜūd hinterließ eine große Anzahl von Söhnen, von denen allerdings im Zusammenhang mit der Eroberung von Darᶜīya mehrere hingerichtet wurden.[76] Es läßt sich dabei feststellen, daß mit der territorialen Expansion des saudischen Staates die Anzahl der Heiratsallianzen mit einflußreichen Stämmen und Familien sprunghaft stieg, so daß bereits Imam Saᶜūd 13 Söhne besaß, die im öffentlichen Leben eine Rolle spielten. Imam Saᶜūd[77] (1803-1814) wurde von drei Söhnen nach Maßgabe der Seniorität abgelöst: ᶜAbdallāh (1814-1818), Mišārī (1820) und Ḫālid (1837-1841).[78] 1820 gelang es ᶜAbdallāhs Bruder Mišārī ibn Saᶜūd, aus Ägypten zu fliehen und Darᶜīya zu erreichen, "wo er vergeblich versuchte, die Reste der wahhabitischen Kräfte zu sammeln. Er wurde von einer rivalisierenden Sippe gefangengenommen und den Türken ausgeliefert, in deren Gefangenschaft er starb"[79].

Faiṣal ibn Turkī (1834-1837 und 1843-1865) folgten gleichfalls drei Söhne nach: ᶜAbdallāh (1865-1871, 1871-73, 1876-1889), Saᶜūd (1871, 1873-1875) und ᶜAbd ar-Raḥmān (1875-1876, 1889-1891). Aber das Bild war in Wirklichkeit komplizierter. Bittere Fehden gingen hin und her, von einem Bruder zum anderen und von einem Familienzweig zum anderen. Bevor Ḫālid seinem Bruder Mišārī nachfolgen konnte, intervenierte z.B. Turkī (1821-1834)[80], ein Cousin von dessen Vater Saᶜūd. Auf Turkī folgte direkt sein Sohn Faiṣal. Nur dadurch, daß der letztere durch die ägyptischen Okkupationstruppen 1837 abgesetzt wurde, konnte Ḫālid die Linie seines Bruders fortsetzen.[81]

Im August 1841, als sich Ḫālid zur Verabschiedung der ägyptischen Truppen zu deren Oberbefehlshaber Ḫūršīd Pascha begab, inszenierte ᶜAbdallāh ibn Ṯunaiyān, Urenkel des Begründers der Saᶜūd-Dynastie und Oberhaupt ihrer

Nebenlinie Āl Ṯunaiyān[82], eine Palastrevolte. Der Aufstand fand breite Unterstützung. Der Herrscher al-Ḥarīqs, Turkī al-Ḥasanī, die Stämme Subaiᶜ, ᶜAǧmān und Āl Murra sowie die Familie Āl Šaiḫ, die Verwandten und Nachkommen des Reformers ᶜAbd al-Wahhāb, unterstützten diesen Staatsstreich.

Als 1843 Faiṣal ibn Turkī aus ägyptischer Haft entlassen wurde, vermochte sich dieser binnen weniger Wochen gegen ᶜAbdallāh ibn Ṯunaiyān durchzusetzen, der sich durch Erpressungen und unbarmherziges Vorgehen gegen Widersacher wie den as-Sudairī-Clan viele Feinde geschaffen hatte. Somit bleibt zu konstatieren, daß auch machtpolitische Faktoren, wie die Unterstützung durch Stämme oder einflußreiche Familien, eine bedeutende Rolle spielten. Noch schwieriger vollzog sich die Nachfolge von Faiṣals Söhnen.

> "Faisal hinterließ bei seinem Tod den Thron seinem ältesten Sohn, Abdallah, wohl wissend, daß seinem eigenen Begräbnis ein wütender Kampf folgen würde zwischen diesem und seinem zweiten Sohn Saud[83], dem Sohne einer Frau aus dem ᶜAjman-Stamm..."[84]

Saᶜud hatte Anerkennung aufgrund seines freigebigen und leutseligen Verhaltens gefunden[85], wichtigen Voraussetzungen, um Symphatie zu gewinnen. Sein mütterlicher Stamm, die ᶜAǧmān, hatten ebenfalls eine gute Meinung von ihm. Einfluß in der patriarchalischen Gesellschaft Innerarabien in der Mitte des 19. Jahrhunderts basierte auf finanziellen Mitteln für eine große Hofhaltung, einer großen und ergebenen Klientel, Kompetenz und persönlichem Charisma und dem notwendigen Netzwerk von Heiratsbeziehungen zu dem einen oder anderen einflußreichen Stamm, dessen Interessen identisch oder ähnlich gelagert wie die eigenen waren.[86]

Der Bruderkrieg zwischen ᶜAbdallāh und Saᶜūd

Der Verlauf der Machtkämpfe

1847 setzte Faiṣal seinen Sohn Saᶜūd als Emir der Ḫarǧ-Region und der kleinen benachbarten Distrikte ein.

> "Die bittere Feindschaft, welche sich zwischen Saud und seinem älteren Bruder Abdallah entwickelte, führte nach Faisals Tod zur Auflösung des Wahhabi-Staates, aber ob die Brüder bereits im Streit lagen oder Sauds Ernennung im Süden ein Versuch war, sie zu trennen und sie ihre Differenzen vergessen zu lassen, oder ob Sauds nachfolgendes Bestreben nach Unabhängigkeit von seiner Erfahrung mit ihr im Süden herrührt, ist nicht klar."[87]

Klar ist, daß Saᶜūd in der Provinz al-Ḫarǧ eine eigene Machtbasis aufbauen konnte und diese als Ausgangsbasis im Kampf gegen seinen älteren Bruder ᶜAbdallāh nutzte. Der Bruderkampf zwischen Saᶜūd und ᶜAbdallāh führte zu einer weitgehenden Destabilisierung und zu einer regionalen Kräfteverschiebung, in deren Ergebnis die osmanische Zentralregierung ohne großen Aufwand ihre Positionen auf der Arabischen Halbinsel ausbauen, al-Qaṣīm seine Autonomie zeitweise bewahren und das Šammar-Emirat sich zur einflußreichsten Kraft in Zentralarabien entwickeln konnte. Bei den innerdynastischen Machtkämpfen stützte sich ᶜAbdallāh vorwiegend auf die streng wahhabitische Bevölkerung, Saᶜūd auf die Beduinen[88], vor allem die Stämme ᶜAğmān, ad-Dawāsir und Āl Murra, sowie die Āl Ḫalīfa-Dynastie Baḥrains. Im Dezember 1870 wurden ᶜAbdallāhs Truppen bei Ǧūda aufgerieben, er selbst floh nach Ḥā'il zu Muḥammad ibn Rašīd (1869-1897). Von dort entsandte er seinen Vertrauten ᶜAbd al-ᶜAzīz ibn Buṭain um Hilfe nach Bagdad zu Midḥat Pascha[89] und warb Stammeskrieger bei den Qaḥṭān, mit deren Hilfe er Anfang 1871 nach ar-Riyāḍ zurückkehrte. Schon im April/Mai 1871 wurde er jedoch von Saᶜūd geschlagen und zur Flucht in das Stammesgebiet der Qaḥṭān gezwungen. Die von Saᶜūd geduldete Plünderung ar-Riyāḍs durch die ᶜAğmān und Āl Murra löste erneute Thronwirren aus.[90]

ᶜAbdallāh ibn Turkī, ein Sohn des von 1821 bis 1834 herrschenden Wahhabitenimams Turkī, verjagte Saᶜūd aus ar-Riyāḍ. Im Mai 1871 ergriff Midḥat Pascha die Initiative. Mit Hilfe von etwa 1000 Kriegern des irakischen Stammes Muntafiq, 4000 regulären türkischen Soldaten und mit Unterstützung des Emirs von Kuweit, ᶜAbdallāh ibn Ṣabāḥ, der etwa 300 Schiffe zur Verfügung stellte, landeten die Türken unter Nāṣir Pascha in Ra's Tannūra und marschierten nach al-Qaṭīf. Die Türken proklamierten ᶜAbdallāh ibn Turkī in al-Hufūf zum Provinzgouverneur der Provinz Nağd. Wenig später wurde im Nağd mit Hilfe einer - vermutlich gefälschten - Petition seiner Einwohner die Saᶜūd-Dynastie aller Rechte auf den Nağd verlustig erklärt und Nāṣir Pascha zum mutaṣarrif (Gouverneur) ernannt.

Nach Saᶜūds Tod 1875 versuchten seine Söhne die Führung zu beanspruchen und revoltierten 1876 gegen ᶜAbd ar-Raḥman. Die Machtkämpfe zwischen Saᶜūds Söhnen und ᶜAbdallāh hatten auch einen außenpolitischen Faktor. ᶜAbdallāh al-Ṯunainī, ein Freund C. M. Doughtys, drückte die Verwicklung Großbritanniens in den Bruderkampf wie folgt aus:

> "Ich habe erlebt, wie gerissen sie sein können. In der letzten kriegerischen Auseinandersetzung zwischen Abdallah und Saud ibn Saud hat ihr Resident am Golf heimlich hunderte Sack Reis an Saud geschickt (das war die gegnerische Seite; kein Wunder, daß Abdallah, der Wahhabit, alles, was mit England zusammenhängt, verabscheut)."[91]

Beim Bruderkampf zwischen ᶜAbdallāh und Saᶜūd wurden auch zwei Legitimitätsmuster innerhalb der Āl Saᶜūd deutlich. ᶜAbdallāh verkörperte auch optisch die seßhafte Bevölkerung ᶜĀriḍs, während Saᶜūd die nomadischen Traditionen der Familie zum Ausdruck brachte. Man kann mutmaßen, daß dies auch äußerlich an Haar und Barttracht (Beduinenzöpfe) sichtbar war. Ein deutlicher visueller Beleg findet sich Anfang des 20. Jahrhunderts, hier verkörperte der

Vollbruder von Ibn Saʿūd, Saʿd, die beduinische Tradition. Ein von Shakespear 1911 aufgenommenes Bild zeigt Saʿd mit langen Beduinenzöpfen, entgegen aller wahhabitischer Tradition.[92]

ʿAbd ar-Raḥmān verzichtete zugunsten von ʿAbdallāh, als die beiden eine Koalition mit einem vierten Bruder, Muḥammad, gegen die Thronprätendenten bildeten. Indes erwies sich der Versuch der Söhne Saʿūds, die Herrschaft an die nächste Generation sehr früh zu übergeben, als voreilig, da die Generation von Faiṣals Söhnen noch ein beträchtlicher Machtfaktor war. Zweifellos spielte die seßhafte Bevölkerung, deren Interessen durch die offensichtliche Bindung Saʿūds an die Nomaden beeinträchtigt wurden, bei der Bestätigung ʿAbdallāhs und der späteren "Inthronisierung" ʿAbd ar-Raḥmāns eine bedeutende Rolle. Eine parallele Episode findet man im 20. Jahrhundert, als die Söhne von König Saʿūd (1953-1964) eine aktive Rolle in der Administration einnahmen und vergebens versuchten, ihm nach seiner Entmachtung 1964 auf dem saudischen Thron nachzufolgen.

ʿAbd ar-Raḥmān wird wahhabitischer Imam

Obwohl ʿAbd ar-Raḥmān der jüngste von Faiṣals Söhnen[93] war, waren es gerade seine Nachkommen, die die Macht im saudischen Staat während des 20. Jahrhunderts monopolisierten. ʿAbd ar-Raḥmān ibn Faiṣal und seine Söhne hatten wenig Gründe, für die Zukunft den Thron zu beanspruchen, falls die Seniorität das alleinige herrschende Prinzip gewesen wäre. Ihre Vorherrschaft war einzig und allein das Resultat einer sich über Generationen erstreckenden Familienrivalität und der Unterstützung durch ihre matrilateralen Verwandten, den as-Sudairī. Die gegenwärtig herrschende königliche Linie der Faiṣal ibn Turkī bildete sich gegen Ende des 19. Jahrhunderts während des Konflikts mit den Šammar-Fürsten von Ḥāʾil heraus. Von ihrer Hauptstadt im Šammar-Gebirge im nördlichen Naǧd versuchten die Raschididen die Saud-Dynastie zu unterwerfen und somit die Kontrolle über weite Teile der Arabischen Halbinsel zu erlangen.[94] Im Jahr 1891 hatten sie Erfolg, die Sauds wurden aus ar-Riyāḍ vertrieben. Es ist eine Ironie der Geschichte, daß ʿAbd ar-Raḥmān seine Führungsposition innerhalb der Faiṣal ibn Turkī weitgehend der raschididischen Expansion verdankt. Seine drei Hauptrivalen für die saudische Nachfolge, alles Söhne seines verstorbenen älteren Bruders Saʿūd, wurden in den späten achtziger Jahren des 19. Jahrhunderts auf Befehl des raschididischen Gouverneurs von ar-Riyāḍ hingerichtet.[95]

Saʿūds überlebenden männlichen Nachkommen fehlte eine persönliche Kraft oder Seniorität innerhalb der weiten Familie, so daß ʿAbd ar-Raḥmān der einzige offensichtliche Kandidat war, die Faiṣal ibn Turkī-Linie fortzusetzen. ʿAbd ar-Raḥmān war kurz zuvor der Titel eines Imams[96] verliehen worden und - was vermutlich das Entscheidende war - er hatte genug männliche

Nachkommen, um seinen Anspruch zu unterstützen, im Gegensatz zu seinen übriggebliebenen Brüdern ᶜAbdallāh und Muḥammad (gest. 1896[97]), von denen keiner einen Sohn hatte.[98] Von seinem Exil in Kuweit aus unternahm ᶜAbd ar-Raḥmān verschiedene Versuche, den saudischen Staat wieder zu errichten. Eine Reihe von Niederlagen kulminierte in der Schlacht von Ṣarīf im Februar 1900.[99] In weniger als einer Stunde hatten sich die Streitkräfte von Saud in nichts aufgelöst. Von den 10 000 Kriegern[100] blieben nur einige Hundert übrig, die einzig und allein der Himmel vor der vollständigen Vernichtung durch die Šammar rettete: strömender Regen machte jede Verfolgung unmöglich.

J. Kostiner charakterisierte die ersten beiden saudischen Staaten und die Anfangsphase des dritten saudischen Staates (1902-1916) als ein Scheichtum, welches sich von einem organisierten Staat durch das Fehlen klar festgelegter Grenzen und administrativer Institutionen unterschied. Die politische Struktur des Scheichtums oder Emirats war lose, und ihm fehlte die Komplexität. Die Integration der verschiedenen Bestandteile des Emirats war auf eine kooperative Partnerschaft gegründet.

> "The rules governing the chieftaincies, including the code of basic loyalty between a ruler and his tribes, depended on unstable personal und provisional commitments... The duability of chieftaincies thus depended on the successful promotion of the interests of the various sectors and also on the ruler's ability to elicit tribal loyality and to cement the chieftaincy with an ideological raison d'ètre."[101]

Die Stämme, seßhafte Bevölkerung, Scheichfamilien, ᶜulamāʾ gingen letzten Endes ein zeitlich begrenztes Vertragsverhältnis mit der herrschenden Sippe ein.

Thronfolge im dritten saudischen Staat

Die Umverteilung der Macht auf Ibn Saᶜūd beginnt

Der alternde ᶜAbd ar-Raḥmān scheint zu diesem Zeitpunkt die Idee einer Zurückgewinnung seines angestammten Besitztums aufgegeben zu haben.[102] Sein vermutlich drittältester Sohn[103] war beharrlicher. Mit zwei Dutzend Mann[104] nahm er Anfang 1902 ar-Riyāḍ wieder ein; seinen Erfolg setzte er durch die Eroberung einer wachsenden Anzahl von Städten in Innerarabien fort.[105] Eine peinliche politische Situation entwickelte sich, da das formale Oberhaupt der Familie nicht mehr länger ihr militärischer Führer war. Solch eine Situation wurde in den Fürstenhäusern gewöhnlich in offener Konfrontation gelöst, aber in diesem Falle wurde das Problem friedlich geklärt. Nach Philby[106] soll ᶜAbd ar-Raḥmān die Entscheidung, im Jahr 1900 zurückzutreten, eingehend geprüft haben, um den Weg für neue Versuche zur Rückeroberung des Naǧd zu ebnen. Er behielt den Titel des Imams, stellte das Titularoberhaupt[107] der Familie dar und war der religiöser Führer der Unitarierumma, während die militärische und politische Macht an Ibn Saᶜūd ging. Dem letzteren wurde der Titel ḥākim (Schiedsrichter) verliehen, ein Begriff, der an die ersten Tage des Propheten Muḥammad in Medina erinnern sollte.[108] Ein offizieller saudischer Bericht[109] suggeriert, daß sein Vater ihm ausdrücklich die Sanktion gab, alle von ihm eroberten Gebiete zu beherrschen. Eine zusätzliche Motivation für die sogenannte Abdankung von 1900 ergab sich für ᶜAbd ar-Raḥmāns sicher auch aus den Umständen seiner eigenen Thronfolge. Seine Herrschaft war vom Standpunkt der Familiengeschichte her nicht solide begründet. Er war der jüngste Sohn von Faiṣal ibn Turkī gewesen, dem siebenten saudischen Emir und dem stärksten saudischen Führer des 19. Jahrhunderts. Nach Faiṣals Tod im Jahr 1865 kämpfte er mit seinen beiden älteren Brüdern, ᶜAbdallāh ibn Faiṣal und Saᶜūd ibn Faiṣal, um die Führung. Nichtsdestotrotz scheint das Senioritätsprinzip im 19. Jahrhundert so streng gewesen zu sein, daß er Anfang 1876 zugunsten von ᶜAbdallāh, dem ältesten Sohn Faiṣals, von seiner Funktion als Imam zurücktrat, um erst wieder nach ᶜAbdallāhs Einkerkerung die nominelle Führung zu übernehmen.[110] Durch den erneuten Rücktritt im Jahr 1900 eliminierte ᶜAbd ar-Raḥmān alle übriggebliebenen Zweifel bezüglich der Legitimität seiner eigenen Thronfolge, indem er die Sicherung seiner Linie durch seinen Sohn erleichterte und das Auftauchen von Rivalen nach seinem Tod erschwerte. Vielleicht spielte auch der Einfluß Aḥmad ibn Muḥammad as-Sudairīs eine Rolle, der den Sohn einer Sudairī-Mutter an der Macht sehen wollte. Obwohl Ibn Saᶜūd in keiner Weise gegen die Suprematie seines Vaters rebellisch war, hatte sich doch eine neue politische Realität herausbildet: Vater und Sohn koexistierten als Titular-Imam und amtierender Herrscher. Dabei lief diese Beziehung nach - der arabischen Tradition entsprechenden - Regeln ab, die Fiktion einer Vater-Sohn-Beziehung wurde aufrechterhalten. Philby bemerkte hierzu folgendes:

> "Mindestens einmal täglich besucht Ibn Saud, wenn er sich in seiner Hauptstadt aufhält, seinen alten Vater, und nie unternimmt er irgendeinen wichtigen Schritt, ohne ihn zu Rate zu ziehen. Ist er abwesend, so fallen die laufenden Verwaltungsarbeiten dem alten Mann zu, der auch an der Entwicklung seiner eigenen Ländereien und der Krone tätigen persönlichen Anteil nimmt."[111]

Als ᶜAbd ar-Raḥmān, der sich großen Prestiges innerhalb der saudischen Familie erfreute, nach elfjähriger Abwesenheit seinen festlichen Einzug in ar-Riyāḍ nahm, befahl er, daß seinem Sohn die baiᶜa (Treueid) als Emir von ar-Riyāḍ[112] gegeben würde, nicht aber die baiᶜa als Imam. Für Ibn Saᶜūd war dies sowohl ein persönlicher wie ein politischer Triumph. Der neue Emir war in ar-Riyāḍ um das Jahr 1880 von Sāra geboren worden, der Tochter von Aḥmad ibn Muḥammad as-Sudairī, einem der mächtigsten Anführer im Naǧd.[113] Sudairīs Stammesleute waren unter den ersten Anhängern von Muḥammad ibn ᶜAbd al-Wahhāb gewesen. Die Familienverbindung gab Ibn Saᶜūd einen guten religiösen Background, welcher im Alter von sieben Jahren noch verstärkt wurde, nachdem er Student von ᶜAbdallāh ibn ᶜAbd al-Laṭīf, einem religiösen Lehrer und Enkel von Muḥammad ibn ᶜAbd al-Wahhāb, geworden war.[114] Zwanzig Jahre später zementierte er die Verbindung durch die Heirat mit ᶜAbdallāhs Tochter, welche bald darauf Faiṣal (1906-1975) gebar, den künftigen saudischen König. In Beachtung einer anderen guten arabischen Tradition wurde Ibn Saᶜūd im Alter von zwölf Jahren für zwei Jahre zum Āl Murra-Stamm gesandt, um die Stammesgrenzen in der Wüste kennenzulernen.[115] Seine relativ begrenzte formale Bildung beeinträchtigte nicht die Entwicklung seines militärischen Könnens, was er bei der Einnahme von ar-Riyāḍ bewies. Nach diesem ersten Sieg tauchen zwei Personen auf, die an der politischen und militärischen Macht Ibn Saᶜūds partizipieren: Muḥammad ibn ᶜAbd ar-Raḥman, sein Bruder, und ᶜAbdallāh ibn Ǧalawī (auch Ǧiluwī), ein Cousin seines Vaters.[116] Dieses neue Führungsteam repräsentierte ein delikates Ausbalancieren von Fraktionen innerhalb der Saudi-Familie. Der Ǧalawī-Zweig war immer eine Seitenlinie gewesen, die niemals einen Imam stellte. Mit der Auswahl von ᶜAbdallāh ibn Ǧalawī gewann Ibn Saᶜūd zusätzliche Familienunterstützung, ohne seine eigene Dominanz in Gefahr zu bringen. ᶜAbd ar-Raḥmān erreichte damit die Anerkennung der de facto-Herrschaft seines Sohnes durch eine wichtige Nebenlinie der Familie.[117] Da Muḥammad ibn ᶜAbd ar-Raḥmān ungefähr im gleichen Alter wie Ibn Saᶜūd[118] war, galt er als natürlicher Kandidat für die Thronfolge, falls seinem Bruder etwas zustoßen sollte. Zugleich konnte Ibn Saᶜūd Muḥammad seine Erfahrung vermitteln, um eine plötzliche Thronvakanz ausfüllen zu können. Es brauchte sieben Jahre, bis die neuen Machtrealitäten in der saudischen Familie, d.h. die "Abdankung" von 1900, von den auswärtigen Mächten akzeptiert wurden; ᶜAbd ar-Raḥmāns offizielle Position als Imam hielt ihn in direktem Kontakt mit der auswärtigen Welt. In den ersten Jahren unseres Jahrhunderts betrachteten sowohl das India Office[119], welches die Vorgänge auf der Arabische Halbinsel aufmerksamen verfolgte, als auch der Emir von Kuweit, Scheich Mubārak Āl Ṣabāḥ[120], der enge Kontakte zu den Sauds besaß, ᶜAbd ar-Raḥmān als Oberhaupt der Familie und Ansprechpartner. Obwohl die benachbarten Herrscher und die indische Regierung ᶜAbd ar-Raḥmān nicht als Emir ansahen[121], erkannten sie Ibn Saᶜūd selbst nach dessen Eroberung von ar-Riyāḍ nicht als Herrscher an. Sie betrachteten ihn indes als Chef der saudischen militärischen Operationen.[122] Ibn Saᶜūds Sieg in ar-Riyāḍ erhöhte in britischen Augen den Rang des Vaters: ᶜAbd al-Raḥmān wurde eine Zeitlang als "Emir von Riyad" betrachtet.[123] Auswärtige Angelegenheiten waren damals für die Existenz des saudischen Staates noch nicht entscheidend, so daß auf protokollarische Fragen wenig Wert gelegt wurde. ᶜAbd ar-Raḥmāns Aktivitäten konzentrierten sich auf Beziehungen mit der Hohen Pforte; seit 1893 hatten ihm die Osmanen eine Beihilfe gewährt, welche indessen 1903 unterbrochen wurde.[124] Er hielt auch den Kontakt zu den Briten aufrecht, deren diplomatische Botschaften die wenigen Informationen vermitteln, die über diese Aktivitäten existieren: er korrespondierte mit dem osmanischen Wali von Baṣra im Oktober 1904 bezüglich des Kampfes mit Ibn Rašīd[125]; er schrieb an die Hohe Pforte im Januar 1905[126], indem er den Untertaneneid in seinem eigenen Namen und demjenigen von Ibn Saᶜūd leistete; er traf den Emir von Kuweit und den Wali von Baṣra bei zwei Gelegenheiten im Februar 1905[127], wobei er gegenüber dem Wali seinen geleisteten Treueid bekräftigte. Aber sein Versäumnis, eine politische Lösung in seinen Differenzen mit den Osmanen und Raschididen zu finden, unterstreicht das politische und militärische Geschick von Ibn Saᶜūd. Während sein Vater verhandelte, führte sein Sohn Ibn Saᶜūd ausgedehnte Operationen in Schlüsselgebieten der Arabischen Halbinsel. Al-Ḫarǧ und al-Aflāǧ wurden 1903 erobert, Sudair, Wašm und al-Qaṣīm 1906. Die aufeinanderfolgenden Siege zeitigten ihre Wirkung. Ibn Saᶜūd gewann mehr Prestige als tatsächlicher Herrscher eines wachsenden Königreiches, während ᶜAbd ar-Raḥmān Prestige sogar auf dem begrenzten Feld der auswärtigen Beziehungen zu verlieren begann. Im Oktober 1905[128] wurde Ibn Saᶜūd als "Oberhaupt der Bin Saud-Familie" ein Brief aus Großbritannien übergeben, was allerdings die Frage der politischen Kontrolle offen ließ. Im Januar 1906[129] nannte ein Memorandum der indischen Regierung an das Foreign Office Ibn Saᶜūd den "Wahhabitischen Emir". Dieser Titel wurde künftig in allen britischen Korrespondenzen seinem Namen beigegeben, bis er 1921 den Titel eines Sultans annahm. Durch einen stufenweisen Prozeß verlor ᶜAbd ar-Raḥmān in der Mitte des ersten Jahrzehnts jede reale Macht, und was ihm blieb, waren nur zeremonielle Funktionen als Imam.

Drei andere Söhne von ᶜAbd ar-Raḥmān waren alt genug, um in das Machtvakuum zu treten und ihren Bruder beim Aufbau des neuen Staates zu unterstützen: Saᶜūd (geb. 1890), Aḥmad (1899) und ᶜAbdallāh (1900). ᶜAbdallāh hat tatsächlich an einigen kleinen Schlachten teilgenommen, aber keiner von den dreien war in der Lage, eine größere militärische oder politische Rolle zu spielen, als Ibn Saᶜūd in zunehmendem Maße seine Macht im wahhabitischen Kernland konsolidierte. Sogar der Bruder Muḥammad begann von der politischen und militärischen Bühne zu verschwinden.

Machtkämpfe mit den ᶜArāʾif

Die ᶜArāʾif-Revolte stellte den letzten Versuch des älteren Zweiges der Saᶜūd ibn Faiṣal dar, den jüngeren ᶜAbd ar-Raḥmān- bzw. ᶜAbd al-ᶜAzīz-Zweig von der Macht zu verdrängen. Bevor Ibn Saᶜūd sein administratives System konsolidieren konnte, mußte er eine Fraktion von Cousins, Nachkommen von

Saᶜūd ibn Faiṣal, dem älteren Bruder von ᶜAbd ar-Raḥmān, bekämpfen, die eine Nachfolgeveränderung anstrebten. Diese Männer[130] hatten nach dem Fall von ar-Riyāḍ mehr als fünfzehn Jahre in raschidischer Gefangenschaft verbracht und entwickelten kooperative Bande zu ihren "Entführern" in der Hoffnung, ihrer Ansprüche auf den saudischen Thron eines Tages durchsetzen zu können. Obwohl sie 1904[131] durch Ibn Saᶜūd "befreit" wurden, welcher sie mit ᶜArāʾif[132] betitelte, setzten sie ihre Bestrebungen zur Rückkehr an die Macht fort. Nachdem der Versuch zweier Neffen Ibn Saᶜūds, den Herrscher zu vergiften[133] gescheitert war, gingen Mitglieder des ᶜArāʾif-Zweiges der Familie, geführt von Saᶜūd ibn ᶜAbd al-ᶜAzīz (nicht zu verwechseln mit dem 1902 geborenen König gleichen Namens) Anfang 1910 zur offenen Revolte über, unterstützt durch die Hazzanī-Oberhäupter von Ostarabien. Ihr Versuch, einen allgemeine Aufstand unter den östlichen Stämmen und in den Südprovinzen zu entzünden, scheiterte. Philby schildert diese Insurrektion sehr ausführlich:

> "Im Jahr 1910 erhob Saᶜud al ᶜArafa, der anscheinend in der Schlacht bei Raudhat al Muhanna nicht dabei gewesen war, zu Hariq das Banner der Empörung; eine kurze Zeit lang hatte er den Süden des Landes hinter sich... Seine Flucht nach Mekka und seine schließliche Ergebung schienen eine Zeitlang die Frage der Erbfolge endgültig erledigt zu haben, mit ihr das ᶜAjman-Problem. Jedenfalls sehen wir diesen Stamm anfangs 1915 im Feldzug gegen Ibn Raschid zu den Wahhabi-Streitkräften ein Kontingent stellen... Ibn Saᶜud vergaß ihnen den Verrat nie, noch verzieh er ihnen. Die bekanntgegebene Achterklärung der ᶜAjman bewirkte ein neues Aufflammen des Streits über die Thronfolge, und zwei Mitglieder der ᶜAraʾif, Salman ibn Muhammad ibn Saᶜud und Husain ibn Saᶜd ibn Saᶜud, warben um die Hilfe des Stammes bei einem neuen letzten Ansturm auf den Thron."[134]

Almana bezeichnet die Ḥazazina als die Herrscher der südlichen Provinz, deren Provinzhauptstadt al-Ḥarīq (al-Ḥarǧ) 1910 von Ibn Saᶜūd erobert wurde.[135] Die Führer der Ḥazazina wurden ausnahmslos hingerichtet. Die Ḥazazina scheinen für Saᶜūd und seine Söhne/Enkel die gleiche Rolle gespielt zu haben wie die as-Sudairī für den ᶜAbd ar-Raḥmān-Zweig, d. h. sie waren für diese Fraktion der Sauds die matrilaterale Unterstützung, denn die agnatischen Deszendenten der Sauds waren so zahlreich, daß nur ein matrilateraler Background wirkliche Unterstützung bedeuten konnte.

Offensichtlich ist, daß die ᶜArāʾif im ᶜAǧmān-Stamm[136] sowie in ihrem Stammsitz im südlichen Ṭuwaiq bei al-Ḥarīq eine feste Machtbasis hatten. 1912 fand die ᶜArāʾif-Episode in der Stadt Laila einen vorläufigen Abschluß:

> "Die letzte Gelegenheit, bei der Laila in der Geschichte des Wahhabilandes eine besondere Rolle spielte ..., war im Jahr 1912 während des von Ibn Saᶜuds Vetter Saᶜud ibn ᶜAbdul ᶜAziz ibn Saᶜud, dem Enkel Saᶜuds..., angeführten Aufstand gegen Ibn Saᶜud. Das Banner des Prätendenten wurde in der Stadt Ḥarīq aufgerichtet, wo eine einflußreiche Bevölke-

rungsschicht für den ältern Zweig der königlichen Familie Partei ergriff gegen den regierenden jüngern."[137]

Al-Ḥarīq wurde erstürmt und geplündert. Die ʿArāʾif flohen nach Aflāǧ und wurden in Laila aufgenommen. Als Ibn Saʿūd mit seinen Truppen erschien, ergab sich Laila; die ʿArāʾif flohen in den Ḥiǧāz. Ende 1912 hatte Ibn Saʿūd die Kontrolle über sein Emirat zurückerlangt.

Nach diesen Konflikten suchte Ibn Saʿūd die Aussöhnung mit den ʿArāʾif durch Anwendung einer Taktik, der er auch in der Zukunft folgen würde: er bot dem Rebellenführer Saʿūd ibn ʿAbd al-ʿAzīz die Heirat mit seiner älteren Vollschwester Nūra (bint ʿamm) an. Als der Kampf vorbei war, gewährte er Saʿūd Pardon und stellte ihn vor die Wahl, entweder mit den ʿArāʾif in Mekka zu verbleiben, oder sich den Siegern anzuschließen. Von diesem Zeitpunkt an wurde Saʿūd als die protokollarische Nr. 2 nach Ibn Saʿūd betrachtet, aber er hatte keinerlei politischen Einfluß mehr.[138]

Betrachtet man die siebziger Jahre des 19. Jahrhunderts, so fiel die Seniorität Saʿūd ibn Faiṣal zu, weil sein jüngerer Bruder ʿAbd ar-Raḥmān zu diesem Zeitpunkt keine erwachsenen Söhne hatte, die ihm den Rücken in dieser Sache hätten stärken können. 1910 war Ibn Saʿūd bereits in einer Machtkoalition mit dem Ǧalawī-Zweig der Familie und mit vielen arabischen Stämmen eingebunden. Im Vergleich zu Saʿūd ibn Faiṣal hatte ʿAbd ar-Raḥmān weit mehr überlebende Söhne als dieser. Unter diesen Umständen war die Seniorität nicht länger von Bedeutung. Die große Anzahl von Söhnen garantierte ʿAbd ar-Raḥmān die Möglichkeit, durch politische Heiraten viele einflußreiche Familienzweige und durch exogame Heiratsbeziehungen einflußreiche Stammesscheichs an sich zu binden. Somit hing das Schicksal der einzelnen saudischen Thronprätendenten von ihrer Virilität bzw. der Fertilität ihrer Frauen ab. Deutlich wird, daß die komplizierten Familienbeziehungen große Bedeutung besaßen und Heiraten eine enorme politische Rolle spielten. Diese waren politische Entscheidungen, die die Bindung an den Herrscher verstärken sollten:

> "Die anderen Stunden werden vollauf beansprucht von den Pflichten, die ihm als Herrscher des Landes obliegen, und von der Verwaltung seines Haushalts, an dem er stets den lebhaftesten Anteil nimmt, eingedenk vielleicht der Erfahrung seiner Vorgänger, die ihn gelehrt hat, daß ein Monarch, der auch ein Hausvater in großem Maßstab ist, nicht ungestraft die Pflege enger persönlicher Beziehungen zu den Mitgliedern seiner eigenen Familie vernachlässigen darf."[139]

Die ʿArāʾif-Revolte war die letzte Änderung bei der ʿAbd ar-Raḥmān-Linie. Sie erschwerte wesentlich den Versuch von Ibn Saʿūd, mit Großbritannien zu vertraglichen Vereinbarungen zu kommen. Alle folgenden Thronfolgekämpfe wurden innerhalb eines einzigen Zweiges der Familie ausgefochten. Die große Anzahl von ʿAbd ar-Raḥmāns Nachkommen lieferte genügend potentielle

Kandidaten für den Wettbewerb um den Thron. Nachdem Ibn Sa^cūd sein Herrschaftsgebiet wieder unter fester Kontrolle hatte, konnte er seine Aufmerksamkeit auf die Frage der Thronfolge richten. 1908 wurde ᶜAbdallāh ibn Ǧalawī die Administration von al-Qaṣīm[140] übertragen, wo er seine eigene Machtbasis aufbaute[141], während Muḥammad ibn ᶜAbd ar-Raḥmān in ar-Riyāḍ blieb, um seinem Bruder Ibn Saᶜūd beizustehen. Saᶜd, der nächste in der Linie von ᶜAbd ar-Raḥmāns überlebenden Söhnen[142], war ein weiterer Militärführer in dieser frühen Periode, ein natürlicher Thronfolgekandidat nach Muḥammad. Saᶜd nahm an vielen Schlachten von Ibn Saᶜūd teil und war bei der Konsolidierung des Staates behilflich. Er war ein Vollbruder von Ibn Saᶜūd, und an diesen durch Heiratsbeziehungen gebunden: jeder der beiden Brüder hatte eine Tochter von Ibn Saᶜūds früherem Hauslehrer ᶜAbdallāh ibn ᶜAbd al-Laṭīf geheiratet.[143] Diese Verbindung zu dem Haus von Āl aš-Šaiḫ, den Nachkommen von Muḥammad ibn ᶜAbd al-Wahhāb, war eine saudische Tradition und bedeutete einen beträchtlichen politischen Vorteil gegenüber aus anderen Ehen stammenden Thronprätendenten. Das persönliche Verhältnis zwischen Saᶜd und Ibn Saᶜūd war augenscheinlich sehr eng; als Saᶜd 1912 durch Scherif Ḥusain bei Quwaiᶜīya gefangengenommen wurde, willigte Ibn Saᶜūd in die Unterzeichnung eines demütigenden Abkommens ein, um seine Freilassung zu erhalten.[144] Philby schrieb:

> "Saᶜd ... war der völlige Zwilling im Charakter und in gewissem Grade im Äußeren von Ibn Saᶜud, und die Zuneigung, die sie vereinte, war wie die Liebe von Saul und Jonathan."[145]

Saᶜds sich entwickelnde Karriere endete im Frühjahr 1916, als er bei einem Kampf gegen den ᶜAǧmān-Stamm in der al-Ḥasā-Region getötet wurde.[146] Als Zeichen des Respekt - so Philby - heiratete Ibn Saᶜūd eine seiner Witwen, Ǧauhara bint Saᶜd, aus der Sudairī-Familie.[147] Sie gebar Ibn Saᶜūd drei Söhne: Saᶜd (geb. 1919), Musāᶜid (1926) und ᶜAbd al-Muḥsin[148] (1927), keiner dieser Söhne spielte jemals im Nachfolgeprozeß eine Rolle.

Drei andere Söhne von ᶜAbd ar-Raḥmān traten in das Vakuum und unterstützten ihren Bruder beim Aufbau des neuen Staates: Saᶜūd (geb. 1890), Aḥmad (1899) und ᶜAbdallāh (1900). ᶜAbdallāh hat tatsächlich an wenigen kleinen Schlachten teilgenommen, aber keiner von den dreien war in der Lage, eine größere militärische oder politische Rolle einzunehmen, da Ibn Saᶜūd in zunehmendem Maße seinen Griff auf die Lenkung des Landes konsolidierte.

Um seinen exklusiven Zugriff zur Macht zu stärken, stützte sich Ibn Saᶜūd auf eine neue militärische Streitmacht zu seiner eigenen Verfügung: die iḫwān.[149] Diese Beduinen, neu bekehrte Unitarier, wurden von Ibn Saᶜūd ermutigt, sich in landwirtschaftlichen Gemeinschaften (huǧar) im Naǧd niederzulassen.[150] Zwischen 1910 und 1912 entwickelten sich die iḫwān in eine mächtige, religiös motivierte Kriegsmaschinerie, welche dem Emir bis zu ihrer erfolglosen Rebellion 1928-1930 diente.

Innersaudische Auseinandersetzungen

Da Ibn Saᶜūd seinen Brüdern mißtraute, begann er schon bald seinen ältesten Sohn Turkī (geb. 1900) als Nachfolger aufzubauen, indem er ihn im Oktober 1917 in einem Kommando der Naǧd-Streitkräfte in der Qaṣīm-Region einsetzte.[151] Im Juli 1918 wurden Turkīs Streitkräfte zu einer Offensive gegen die Raschididen[152] in den Nordwesten gesandt, die noch immer die Hauptopponenten des saudischen Staates waren. Sein Vater dürfte diesen Einsatz als Test bezüglich Turkīs Veranlagung unter Kampfbedingungen und als Vorbereitung für die Übernahme größerer Macht gesehen haben.[153] Aber die spanische Influenza-Epidemie von 1919 durchkreuzte diesen Plan und raffte verschiedene Mitglieder der königlichen Familie hinweg, einschließlich Turkī.[154] Wenige Monate später (1920) gebar Turkīs Witwe einen Sohn, Faiṣal; aber dieser erste Enkel von Ibn Saᶜūd wurde niemals als ein Kandidat für die Nachfolge betrachtet, was belegt, daß eine Primogeniturregelung[155] wie an europäischen Fürstenhäusern nicht das herrschende System war. Turkī wurde somit von seiner Mutter überlebt, welche vom Banū Ḫālid-Stamm abstammte, und seinem Vollbruder Saᶜūd (geb. 1902), der eventuell auf den Thron nachfolgen konnte. Philby hinterließ einen Bericht über die Familiensituation von Ibn Saᶜūd:

> "Die Mutter Turkīs (Waḏba bint Muḥammad - U. P.) ... war damals nicht wieder verheiratet... Ibn Saᶜuds Hauptfrau oder Königin..., die Mutter seiner Lieblingssöhne Mohammed und Chalid, war seine Base, Jauhara bint Musaᶜid (Ǧauhara bint Musāᶜid ibn Ǧalawī - U. P.)... Eine andere seiner damaligen Gemahlinnen war die Witwe seines Bruders Saᶜd, und noch eine andere Gemahlin, Bint Dukhaiyil, war damals in Qasim, wo sie sich anscheinend dauernd aufhielt..."[156]

Die Notwendigkeit, Loyalität durch Heiratsbeziehungen zu den Stämmen und einflußreichen Familien zu sichern, belegt, daß die wahhabitische Religion es nicht vermochte, die heterogenen Kräfte des Landes zu binden. Diese Patronage- und Klientelbindungen sicherten dem Herrscher die Loyalität der einflußreichen Familien; aber sie galt in der Regel nur dem Herrscher allein.

> "Wie leicht er das Band der Ehe auch behandelt hat, so daß er sich dem Vorwurf der Weibersucht aussetzte, darf man doch nie vergessen, daß Ibn Saᶜud seine Freiheit weitgehend benutzt hat, um solche Verbindungen zu politischen Zwecken zu knüpfen, mit dem Ziel, die verstreuten, von Natur auseinanderstrebenden Elemente, aus denen sich die Bevölkerung seines Gebiets zusammensetzt, in der Treue zu seiner Person zusammenzuschweißen."[157]

Dennoch erinnerten ihn die "Anwesenheit seines Vetters Saᶜud ibn ᶜAbdul ᶜAziz ibn Faisal an seinem Hof, seine Schwierigkeiten mit dem Stamm der ᶜAjman..., daß er seinen Thron nicht kraft des Erbrechts, sondern durch eigenes

Verdienst einnahm und daß er von Feinden umgeben war, die glücklich wären, ihn gestürzt zu sehen"[158].

Von nun an konzentrierte Ibn Saᶜūd seine Anstrengungen auf das politische Training seiner nunmehr ältesten Söhne: Saᶜūd und Faiṣal. Turkīs Tod zwang Ibn Saᶜūd die alleinige Verantwortung sowohl für die militärischen Operationen[159] als auch die innere Politik auf. Die Briten, die ausländische Hauptmacht auf der Halbinsel, hatten sich entschieden, auf Ibn Saᶜūd als ihren Hauptpartner in der saudischen Familie zu setzen. Sie sahen ihn sowohl als Führer der iḫwān als auch der wahhābīya an und als absoluten Herrscher des saudischen Reiches im Naǧd an.[160] ᶜAbd ar-Raḥmān, zwar noch Titular-Imam, wurde vollständig ignoriert. Im Abkommen vom 26. Dezember 1915 anerkannte Großbritannien Ibn Saᶜūd als unabhängigen Souverän von Naǧd, al-Ḥasā, al-Qaṭīf und al-Ǧubail.[161]

Die sich entwickelnden Verbindungen mit Großbritannien gaben seinem Sohn Faiṣal, dem nächsten der in der Seniorität von Ibn Saᶜūds überlebenden Söhne, Gelegenheit, seine politischen Fähigkeiten und seine Überlegenheit gegenüber seinem älteren (Halb)Bruder Saᶜūd zu zeigen. Es war das erste öffentliche Auftreten Faiṣals.[162] Faiṣal wurde am 9. April 1906 geboren[163], kurz nach der Einnahme der Qaṣīm-Region durch seinen Vater. Seine Mutter war Tarfa bint aš-Šaiḫ, eine der vom Emir am meisten geliebten Frauen und eine direkte Nachkommin von Muḥammad ibn ᶜAbd al-Wahhāb. Faiṣal war Tarfas einziger Sohn und des Herrschers vierter Sohn nach Turkī, Saᶜūd und Ḫālid (der 1903 im Kindesalter starb). Er wurde von seiner Mutter aufgezogen. Zu der Zeit ihres Todes (vermutlich um 1912) verließ er den königlichen Hof, um seine Ausbildung bei seinem mütterlichen Großvater, ᶜAbdallāh ibn ᶜAbd al-Laṭīf, fortzusetzen[164], der bereits seinen Vater Jahre zuvor ausgebildet hatte. Deshalb erfreute er sich der Vorteile und Möglichkeiten des königlichen Status, wogegen er die täglichen Verpflichtungen vermied, die er gehabt hätte, wenn er während der Jahre der Expansion bei seinem Vater geblieben wäre. Im Hause seines Großvaters erhielt er eine breite religiöse Bildung und entwickelte einen Blick für anstehende Probleme, so daß er nach Turkīs Tod ungeachtet seines Alters auf eine zentralere Position vorrückte.

Seine 1919 unternommene Reise nach London war der erste einer ganzen Reihe von inoffiziellen und offiziellen Kontakten, die ihm von seinem Vater anvertraut wurden. In Unterhaltung mit dem britischen Staatssekretär für Auswärtige Angelegenheiten[165] am 27. November 1919 beschäftigte sich Faiṣal in erster Linie mit den Beziehungen zwischen seinem Vater und Scherif Ḥusain von Mekka. Auf dieser ersten Reise besuchte Faiṣal auch verschiedene andere europäische Länder, einschließlich Frankreichs und Belgiens. Eine Untersuchung von Faiṣals Kindheit und Jugendzeit liefert einen Eindruck der Isolierung von den höfischen Zirkeln. Faiṣal war fern vom königlichen Haushalt aufgewachsen. Anders als nahezu alle Söhne von Ibn Saᶜūd hatte er keinen Vollbruder, noch hatte er irgendeinen Halbbruder seines Alters, denn mehr als vier Jahre trennten ihn von seinem nächstältesten und nächstjüngeren Bruder. Er gehörte niemals irgendeiner der informellen Prinzengruppierungen an, die entscheidende Bedeutung für die Herausbildung von einflußreichen Machtgruppen in der königlichen Familie besaßen.

Eine solche Isolierung plagte Saᶜūd, den ältesten Sohn, nicht. Saᶜūd war durch seine Mutter ein Nachkomme aus der Mandīl-Familie des einstmals mächtigen Stamms der östlichen Region, der Banū Ḫālid. Seine Mutter war Dahha bint Muḥammad ibn Burġuš ibn ᶜUqab ibn ᶜUraiᶜar.[166] Wie die anderen älteren Söhne seines Vaters lernte Saᶜūd zuerst nichts außer dem Koran. Seine weitere Ausbildung war dem beduinischen Erbgut, einschließlich der Falknerei, der Schiedsgerichtsmethoden und militärischer Taktik und Strategie, gewidmet. Saᶜūd hatte viele Gelegenheiten, seine militärische Tapferkeit zu demonstrieren; im Frühjahr des Jahres 1921 wurde ihm als Belohnung die Aufgabe übertragen, zusammen mit seinem Onkel Muḥammad den Feldzug gegen die Raschididen zu führen. Er übernahm damit den Befehl über die Streitkräfte, die Ibn Saᶜūd seit Turkīs Tod vor zwei Jahren persönlich kommandiert hatte. Muḥammad, Ibn Saᶜūds Gefährte bei dem 1902 erfolgten Angriff auf ar-Riyāḍ, war seit langer Zeit nicht mehr militärisch aktiv gewesen. Für Saᶜūd war der Feldzug sein Debut als aktiver Kommandeur. Sein Erfolg auf dem Schlachtfeld gab seinem Vater einen Fingerzeig, ihn als einen der Kommandeure der saudischen Armee zu sehen.[167] Muḥammad und Saᶜūd trennten sich später im Konflikt um die Thronnachfolge.

Die gewachsene Macht der saudischen Politik fand 1921 ihren formalen Ausdruck. Während der Feldzug gegen die Rašīdiden noch im Gange war, nahm Ibn Saᶜūd auf "Empfehlung" der Notabeln des Naǧd den Titel "Sultan des Naǧd und seiner Dependenzen" an.[168] Der Begriff Sultan[169] ist nicht Teil des klassischen islamischen religiösen Erbes. Im Gegensatz zu Imam und Kalif besitzt er keine Autorität über die muslimische Gemeinschaft als Ganzes; vielmehr wurde er seit Jahrhunderten zur Benennung unabhängiger Herrscher politischer Gemeinschaften, die auf dem Islam basierten, benutzt. Der Sultan hatte wenig Muße, sich an seinem neuen Titel zu erfreuen. Als die Schlacht mit den Raschididen ihren Höhepunkt erreichte, kam er zur Unterstützung von Muḥammad und Saᶜūd; als das Gefecht vorüber war, wurde Ḥāʾil seinem Reich einverleibt. Einer seiner ersten Schritte im Gefolge des Sieges war, eine Frau aus dem Šammar-Stamm zu heiraten, der Hauptstütze des alten Fürstentums von Ḥāʾil, und seinem Sohn Saᶜūd zu befehlen, das gleiche zu tun. Dies stand im Einklang mit einer Politik, die dazu bestimmt war, sich die Loyalität der einflußreichen Familien und Stämme überall auf der Arabischen Halbinsel zu sichern. 1923 verschaffte diese Heirat Ibn Saᶜūd einen weiteren Sohn, ᶜAbdallāh, den gegenwärtigen designierten Thronerben. Ein weiterer Sohn, Manṣūr, wurde unmittelbar nach dem Sieg von Ḥāʾil geboren[170], dieser gewann die besondere Aufmerksamkeit seines Vaters; er sollte in den vierziger Jahren eine bedeutende Rolle im Nachfolgekampf spielen. In den zwanziger Jahren indes war Saᶜūd der privilegierte Sohn. Außer dem Fakt, daß er der älteste war, war er an dem Tag geboren worden, an dem ar-Riyāḍ zurückerobert wurde. Dies war ein gefeierter Umstand[171], so daß Ibn Saᶜūd eventuell Saᶜūd als seinen künftigen Erben betrachtete. So scheint es saudische Tradition zu sein, daß einflußreiche Herrscher schon frühzeitig versuchten, ihre eigenen Söhne als Nachfolger aufzubauen. Nur in Fällen, wo keine oder keine erwachsenen Kinder vorhanden waren, scheinen die agnatischen Nebenlinien des Herrschers, also seine Brüder oder ältere Zweige, zum Zuge gekommen zu sein.[172]

Die Eroberung des Ḥiǧāz durch die Haschimiten in den Jahren 1924 und 1925 legte die Grundlage für das saudische Königreich, wie es heute besteht. Zugleich lieferte sie ein neues Feld, auf welchem Faiṣal seine politischen Fähigkeiten für seinen Aufstieg zur Spitze der politischen Pyramide zeigen konnte. Dem militärischen Sieg der Sauds folgte eine formale Petition der Notabeln des Ḥiǧāz an Ibn Saᶜūd, über die Zukunft ihrer Region zu entscheiden.[173] Der Herrscher lud daraufhin die Notabeln in die große Moschee von Mekka ein, wo am 8. Januar 1926 die baiᶜa-Zeremonie stattfand. Ibn Saᶜūd nahm den Titel Malik al-Ḥiǧāz an, der von Ḥusain ibn ᶜAlī 1916 eingeführt worden war. Am 25. Januar wurde der volle neue Titel proklamiert, welcher das religiöse Prestige des Ḥiǧāz mit seinen heiligen Stätten in Mekka und Medina reflektiert: Malik al-Ḥiǧāz wa Sultan an-Naǧd wa mulḥaqātihā (König des Ḥiǧāz und Sultan des Naǧd und seiner Dependenzen).

Die wahhabitische Herrschaft über Mekka im 19. Jahrhundert hatte schlechte Erinnerungen unter Millionen von Muslimen hinterlassen. Der neue Herrscher mußte den für das Ansehen der Sauds mühevollen Weg der Rehabilitierung des wahhabitischen Islam gehen.[174] Um eine Wiederholung dieser Erfahrung zu verhindern, baute Ibn Saᶜūd auf ein neues Regierungssystem für dieses Gebiet, welches auf eine Tradition von autonomen Institutionen vertraute, die sich über Jahre in den heiligen Städten entwickelt hatten. Der Ḥiǧāz sollte vom Naǧd getrennt bleiben und von Mekka aus beherrscht werden. Eine lokale Versammlung wurde 1924 in Mekka etabliert, die für jeden Aspekt des Lebens verantwortlich war, ausgenommen lediglich Verteidigung und auswärtige Angelegenheiten. Eine ähnliche Einrichtung wurde in Ǧidda nach dessen Einnahme im späten Dezember 1925 geschaffen.

Das Königreich erhielt einen ständigen Generalgouverneur. Für diese Aufgabe wählte Ibn Saᶜūd Faiṣal aus, welchem er am 9. Februar 1926 den Titel eines Vizekönigs des Ḥiǧāz verlieh.[175] Eine drei Mitglieder umfassende Konsultativkammer wurde ernannt, die Faiṣal in der täglichen Bewältigung der ḥiǧazischen Angelegenheiten beistehen sollte. Eine dreizehn Männer umfassende Konsultativversammlung wurde gleichfalls ernannt; sie umfaßte die Notabeln aus Mekka, Medina, Ǧidda, Yanbūᶜ al-Baḥr und Ṭāʾif und drei Stammeschefs. Die Struktur ähnelte der Teilung zwischen der exekutiven und legislativen Gewalt in modernen Regierungen, aber Ibn Saᶜūd blieb der absolute Monarch von Ḥiǧāz[176], assistiert von Faiṣal; keine dieser Institutionen hatte im Entscheidungsprozeß Gewicht. Die Struktur war keinesfalls verändert worden, nachdem der König ein Grundgesetz gebilligt hatte[177], welches eine vierzehn Personen umfassende Versammlung schuf. Das am 3. August 1926 proklamierte Gesetz kann als Verfassung des Ḥiǧāz betrachtet werden. Das Grundgesetz bestätigte Ibn Saᶜūd als König und Faiṣal als Vizekönig, aber es ließ die Art der Verbindung mit dem Naǧd offen. Ein Konsolidierungsprozeß folgte, welcher Faiṣal gestattete, seine Position in der saudischen Hierarchie deutlich zu erhöhen. Dies verschaffte ihm eine persönliche Machtbasis, da der Ḥiǧāz den größten Teil der Einkünfte des gesamten saudischen Territoriums lieferte. Der erste Schritt war die Auflösung der Legislativversammlung des Ḥiǧāz am 7. Juli 1927 und ihre Ersetzung durch eine acht Mitglieder umfassende Versammlung von Repräsentanten aus dem Ḥiǧāz und dem Naǧd. Ein Dekret vom 13. Juli 1928[178] ernannte den Vizekönig zum Präsidenten dieser neuen Mitgliederversammlung. Zu dieser Zeit wurde der Naǧd ebenfalls ein Königreich, nachdem Ibn Saᶜūd sich selbst am 27. Januar 1927 zum König des Naǧd proklamiert hatte. Diese Änderung bedeutete wenig im praktischen Tagesgeschehens, aber Ibn Saᶜūds Präferenz für einen nichtislamischen Titel, der in der ganzen islamischen Welt angewendet wurde, ungeachtet seines strikten unitarischen Glaubens, markierte eine weitere Phase in der Entwicklung des saudischen Staates; der formale Status von Naǧd und Ḥiǧāz war jetzt gleichwertig.

Die Einsetzung von Emir Saᶜūd als Thronfolger - Machtrivalitäten zwischen Saᶜūd und Faiṣal

Emir Saᶜūds Rolle im öffentlichen Leben

Ende der zwanziger Jahre des 20. Jahrhunderts war die Linie von Ibn Saᶜūd fest verankert in der neuen Doppelmonarchie. Sein ältester Sohn Saᶜūd wurde 1926 zum Vizekönig des Naǧd ernannt (zur gleichen Zeit wie sein Bruder Faiṣal Vizekönig des Ḥiǧāz wurde) und somit offiziell zu einem der potentiellen Thronfolger des Königs. Faiṣal, der nächste in der Linie nach Saᶜūd, agierte sowohl im Ḥiǧāz als auch auf dem Gebiet der auswärtigen Angelegenheiten des ganzen Königreiches; er wurde 1930 formal zum saudischen Außenminister ernannt. Muḥammad, Halbbruder von Ibn Saᶜūd und Gefährte in den Feldzügen von 1902 und 1921, nahm an dem Entscheidungsprozeß bis kurz vor der Eroberung des Ḥiǧāz nicht teil. Ausgeschlossen vom inneren Machtzirkel, vermutlich in Absicherung der Nachfolge für die Söhne von Ibn Saᶜūd in der sich herausbildenden Saᶜūd-Dynastie, war er bestrebt, eine Alternativnachfolge zu Saᶜūd vorzubereiten. Was den alternden ᶜAbd ar-Raḥmān anging, hatte er Respekt vor seinem herrschenden Sohn, der ihn zwar in politischen Angelegenheiten konsultierte, aber sicher keinen Einfluß auf die Nachfolgeregelung zuließ. Bei zwei Gelegenheiten indessen intervenierte er. 1912 half er, die ᶜulamāʾ zu überzeugen, das Siedlungsprogramm für die Beduinen als Teil des Planes zu akzeptieren, diese als Speerspitze der saudischen Expansion zu entwickeln; und 1927 drängte er Ibn Saᶜūd zur Annahme des Titels eines Königs des Naǧd.

Die Errichtung eines Königreiches - so vielleicht seine Argumentation - sollte künftigen separatistischen Bewegungen in einem der beiden Königreiche zuvorkommen. In beiden dieser Angelegenheiten unterstreicht ᶜAbd ar-Raḥmān seine totale Rückendeckung für die Interessen seines Sohnes und somit seine eigene grundlegende politische Impotenz. Sein Tod 1928 markierte den symbolischen Schluß eines Kapitels der saudischen Dynastie, hatte aber keine Wirkung auf die Nachfolge. Seine eigene Thronbesteigung war stets ein Zankapfel mit seinen Brüdern und Neffen gewesen, aber als er starb, war der Thron fest in den Händen seines Nachfolgers.[179] Als Ibn Saᶜūd seinen Sohn Saᶜūd als Thronfolger einsetzte, führte dies zu einer langen Auseinandersetzung mit seinen Brüdern, die bis 1943 andauern sollte. Innenpolitisch setzte Ibn Saᶜūd nun die von ihm gewünschte Thronfolgeregelung durch. Nach Bligh war es nur die Seniorität, die Saᶜūd für die Thronfolge prädestinierte. Doch bedeutsam ist auch der matrilaterale Background von Saᶜūd, der Banū Ḫālid-Stamm, vor dem Hintergrund der Auseinandersetzungen mit den iḫwān, insbesondere den ᶜAǧmān und Muṭair. Die ᶜAǧmān siedelten südlich der Muṭair, die ihre Herkunft über die Qaḥṭān und Nafūra von Naǧrān ableiten, aber dieser Stammbaum wird von arabischen Genealogen im allgemeinen nicht akzeptiert. Sie waren indes ein bedeutender Beduinenstamm, welcher die stärkste Nomadeneinheit am Persischen Golf darstellte, obwohl ihre Behauptung, über 10 000 kämpfende Männer zu verfügen, übertrieben war. Seine unterschiedlichen Unterstämme und Clans haben keine bestimmten dīras. ᶜAǧmān-Stammesleute von allen Sektionen konnte man in jedem Lager des Ausdehnungsgebietes des Stammes finden. Sie scheinen auch einen ungewöhnlichen Instinkt für den Zusammenschluß mit ihren schwächeren Nachbarn gehabt zu haben, was ihnen mehr Ellbogenfreiheit verschuf. Unter gewöhnlichen Bedingungen waren sowohl die Banū Ḫālid als auch die Banū Haǧar ihre Alliierten, und die ᶜAǧmān hatten freien Zutritt zu ihren dīras. Alle Stammesangehörigen hatten Hinterladegewehre. Sie sollen Sunniten der hanbalitischen Schule und teilweise eifrige Wahhabiten gewesen sein. Die Richtigkeit dieser Aussage im britischen Handbuch ist jeoch umstritten. Ihr Sommerweidegebiet erstreckte sich von den Golf-Niederungen von Taff bis nach al-ᶜUqair, die Ḥasā-Oasen im Norden und Osten einschließend. Im Inland reichte ihr Weidegebiet bis zum Ṣammān-Plateau, wo ihre Stammesleute im Winter wanderten, bis westlich an die Grenzen von Sudair; die ᶜAǧmān gingen sogar bis nach al-Ḫarǧ. An der Küste erstreckte sich ihre dīra teilweise sogar bis al-Qaṭar, und gewöhnlich wanderten sie nordwärts nach Kuweit, wobei sie sich auf ihr Abkommen mit den Banū Ḫālid verließen, in deren eigene dīra sie dann einfielen.[180] Unter Berücksichtigung der omnipotenten Stellung des ᶜAǧmān-Stammes sollte es nicht verwundern, wenn Ibn Saᶜūd alles unternahm, um die Loyalität des Banū Ḫālid-Stammes gegenüber seiner Person zu sichern, um den Einfluß der ᶜAǧmān und der Muṭair in al-Ḥasā zurückzudrängen. Die Bestätigung Saᶜūds als Thronfolger war für diesen Zweck sicher von Bedeutung.

Die ᶜAǧmān waren in der einen oder anderen Saison in einem Gebiet von nicht weniger als 20 000 Quadratmeilen zu finden. Sehr wenige ᶜAǧmān haben jemals das seßhafte Leben angenommen, obwohl sie viele Dattelpalmhaine in al-Ḥasā besaßen. Ihr Reichtum lag in den Pferden, Kamelen und Kleintieren. Insbesondere waren sie Pferdezüchter. Sie besaßen insgesamt zwischen 4000 und 5000 Zelte. Während der osmanischen Okkupation von al-Ḥasā und al-Qaṭīf waren sie beständig widerspenstig gewesen, ungeachtet der Subsidien, die an ihre Scheichs ausgezahlt wurden. Ihr traditioneller Feind war der Āl Murra-Stamm, später kam noch der Šammar-Stamm hinzu. Sie standen in guten Beziehungen zum Emir von Kuweit und von al-Qaṭar.[181] Der Reichtum und der Einfluß der ᶜAǧmān und des mit ihm verbundenen Muṭair-Stamms machen es wahrscheinlich, daß mit der Designierung Saᶜūds der Banū Ḫālid-Stamm völlig an Ibn Saᶜūd gebunden werden sollte, und zu vermuten ist, daß diese Loyalität sich für den Stamm nach der Zerschlagung der iḫwān-Aufstände auch ausgezahlt hat. Am 11. Mai 1933 (16. Muḥarram 1352 h) wurde dem walī al-ᶜahd Saᶜūd gehuldigt. Diese baiᶜa ging auf einen Erlaß Ibn Saᶜūds vom 17. Ǧumada 1351 h/18. September 1932 zurück, welcher gemeinsam mit dem Staatsrat beschlossen worden war.[182] Bei ᶜAbd ar-Raḥmāns Tod 1928 war sein Sohn Ibn Saᶜūd in unbestrittener Kontrolle der saudischen Herrschaftsgebiete: jetzt war er sowohl Imam als auch König. Die Frage der Nachfolge indessen war noch ungelöst. Für Ibn Saᶜūd kam nur einer seiner Söhne in Frage. Vor mehreren Jahren hatte er die Hauptverantwortlichkeiten mit seinen ältesten überlebenden Söhnen Saᶜūd und Faiṣal geteilt. Als jeweilige Vizekönige von Naǧd und Ḥiǧāz war ihre Macht in dem sich vergrößernden Königreich ständig gewachsen. Die nächsten nach diesen beiden Söhnen in bezug auf die Seniorität waren Muḥammad (geb. 1910) und Ḫālid (1912), die erstmals 1928 in der militärisch-politischen Arena erschienen, als ihr Vater sie während der iḫwān-Rebellion zu einer Beobachtungsmission an die transjordanische Grenze sandte.

Saᶜūd, der älteste der vier und derjenige mit der längsten Erfahrung im öffentlichen Leben, war ein natürlicher Nachfolgekandidat. Seit seiner Ernennung zum Vizekönig des Naǧd 1926 sah ihn sein Vater als Berater und als die "Nummer zwei" in der Hauptstadt ar-Riyāḍ. Tatsächlich hatte er aber wenig wirkliche administrative Erfahrung. Er hatte seine erste politische Mission ausgeführt, als er erst zehn Jahre alt war - ein Treffen mit dem Herrscher von Qaṭar, um die Auslieferung eines rebellischen Stammeschefs zu diskutieren.[183] Doch seit dieser Zeit war er von seinem Vater nicht wieder mit irgendeiner außenpolitischen Mission betraut worden, noch hatte er aktuelle politische Verantwortlichkeiten innerhalb des Königreiches übernommen. Er verbrachte die meiste Zeit in der Hauptstadt, wo er seinen Vater bei der Arbeit beobachtete, während sein jüngerer Bruder Faiṣal aktiv in die tägliche Administration des Ḥiǧāz und in die Führung der saudischen Außenbeziehungen involviert war. Nichtsdestotrotz war es Saʿūd, der von seinem Vater zum Kronprinzen erhoben wurde. Faiṣal, trotz all seines Könnens, würde seine Zeit abwarten müssen, so lange sein Vater (der 1928 noch keine fünzig Jahre alt war) und sein älterer Bruder im öffentlichen Leben blieben.

Die Seniorität, mehr als irgendein anderer Faktor, erklärt diese Wahl. Es würde schwer sein - so Bligh -, irgendeine andere persönliche Qualifikation zu finden, die Saʿūd besaß, um seine Auswahl als Nachfolger zu begründen.[184] Und tatsächlich verweisen alle Artikel des Jahres 1933 in der halboffiziellen Zeitung Umm al-Qurā über die Designierung Saʿūds als Erben auf ihn als den "ältesten Sohn des Königs".[185] Da es Ibn Saʿūds Hauptziel war, seine Dynastie zu sichern, lag das Augenmerk mehr auf einem Thronkandidaten, den die Familie akzeptieren konnte, als auf seiner Qualifikation. Hinzu kommt m. E. noch sein matrilateraler Background, der Ende der zwanziger Jahre von Bedeutung war, um die Loyalität des Banū Ḫālid-Stammes zu sichern. Ibn Saʿūd hatte sich selbst 1927 zum König des Naǧd ernannt, um damit den Status in den beiden Regionen anzugleichen, die das saudische Königreich bildeten.

Am 18. September 1932 gab er das königliche Dekret Nummer 2716[186] heraus, welches den Namen des Landes in Königreich von Saudi-Arabien veränderte.[187] Artikel 6 des Dekrets nannte den Rat der Deputierten, die eine Bestätigung der Nachfolgeregelung bezüglich Saʿūds vorschlugen. Die offizielle Designierung als Thronerbe war lediglich ein formaler Schritt bei der Schaffung des saudischen Staates; Saʿūd stand in engerem Verhältnis zu seinen Vater als irgendeiner seiner Brüder. In dieser Periode begann er, von Zeit zu Zeit kleine politische Initiativen zu ergreifen.[188] Die erwartete Thronfolgeregelung wurde offiziell am 11. Mai 1933 bekanntgegeben, als der Rat der Deputierten seine offizielle Ankündigung Nummer 3 herausgab und die Prozedur zur Auswahl eines Nachfolgers und zur Designierung Saʿūds als Thronerben mitteilte. Faiṣal, als Präsident des Rates, billigte formal die Auswahl seines Bruders. Drei prominente ʿulamāʾ bekundeten ebenfalls ihre Unterstützung. Die Zeremonie des Treueeides gegenüber Saʿūd als designiertem Erben wurde am 22. Mai 1933 feierlich durchgeführt, in Anwesenheit der saudischen Prinzen, Stammeschefs und religiösen Führer.[189] Da der König selbst nicht teilnahm, war die prominenteste Person bei der Zeremonie sein Bruder Muḥammad ibn ʿAbd ar-Raḥmān. Der letztere wurde von seinem Sohn Ḫālid begleitet, der eigene Ambitionen auf den Thron hatte. Andere anwesende Söhne von ʿAbd ar-Raḥmān waren Saʿūd, Aḥmad und Musāʿid, viele von ihren Söhnen wohnten gleichfalls der Zeremonie bei. Saʿūd ibn ʿAbd al-ʿAziz ibn Saʿūd, zweiter Cousin des designierten Erben und eine Zeitlang Führer der mißlungenen ʿArāʾif-Rebellion von 1910-1912, repräsentierte seinen großväterlichen Zweig bei der Zeremonie als ihr ältestes überlebendes Mitglied. Es war eine gut arrangierte Demonstration von Familieneinheit. Saʿūd erhielt den Treueid von allen Zweigen der Familie, einschließlich desjenigen von Muḥammad ibn ʿAbd ar-Raḥmān, der der erste war, der die Anerkennung aussprach. Mit diesem formalen Treueid erkannten die Āl Saʿūd den Thronfolger Saʿūd ibn ʿAbd al-ʿAzīz als den rechtmäßigen Nachfolger an.

Neben Faiṣal und Saʿūd selbst waren nur zwei Söhne von Ibn Saʿūd bei der Zeremonie anwesend: Muḥammad und Ḫālid, der dritte und vierte in der Seniorität von des Herrschers lebender männlicher Nachkommenschaft. Die zwei hatten teilweise einige Autorität unter Faiṣal im Ḥiǧāz erlangt. Daher war es nicht überraschend, daß Ḫālid während Faiṣals Europa-Rundreise im April 1932 Muḥammad als Vizekönig und amtierenden Präsidenten des Rates der Deputierten unterstützte. Beide waren Vollbrüder und durch ihre Großmutter mütterlicherseits Sudairīs. Offensichtlich teilte Ibn Saʿūd ab 1933 seinen Söhnen Macht und Verantwortlichkeiten nach einer Altersrangliste zu, beginnend mit Saʿūd, dem designierten Erben, und drei weiteren Söhnen, die die Volljährigkeit erreicht hatten. Die Zeremonie vom Mai 1933 schien den vollständigen Machttransfer innerhalb der saudischen Familie auf den ʿAbd al-ʿAziz-Zweig und die formale Akzeptanz der neuen königlichen Linie anzuzeigen. Hinter der Bühne lief indessen der Prozeß nicht so glatt.

Muḥammad ibn ʿAbd ar-Raḥmāns Versuch, eine Opposition aufzubauen

Es gab innerhalb der weiteren Familie Personen, die noch nicht bereit waren, ihre eigenen Ambitionen zugunsten der Söhne von Ibn Saʿūd aufzugeben. Muḥammad ibn ʿAbd ar-Raḥmān versuchte in der Folgezeit, eine Opposition gegen Saʿūd aufzubauen. In einem britischen diplomatischen Bericht über die Nachfolgeangelegenheit kann man einen Eindruck dieser Unzufriedenheit gewinnen, welcher auf Eindrücken des Scheichs von Kuweit basierte:

> "Der Emir Saud war ein feiner großgewachsener junger Mann wie sein Vater und mit einer Menge von Charakter, aber bei dem 'Zerfall', welcher ganz gewiß dem Tod des Königs folgen würde, zweifelte der Scheich sehr, ob Saud fähig sein würde, es 'gut zu machen'. Es gab den ambitiösen Mohomed und Abdullah und eine Menge anderer, die alle selbst jetzt hassen und aufeinander eifersüchtig sind und mit denen man rechnen muß. Alle würden einander an die Kehle gehen, wenn die strenge Hand dann fehlt."[190]

Muḥammad ibn ʿAbd ar-Raḥmān wurde 1933 der bedeutendste Brennpunkt von Unzufriedenheit. Dies kann man in "Umm al-Qurā", dem Organ des saudischen Hofes, zwischen den Zeilen lesen. Ein am 25. Mai 1933 erschienener Artikel über die Vorbereitungen für die Treueid-Zeremonie unterstreicht die prominente Rolle von Muḥammad ibn ʿAbd ar-Raḥmān, wobei auffallend seine lange Freundschaft zu seinem Bruder Ibn Saʿūd heruntergespielt wird, sowohl bezüglich seines zeitweiligen Status als Partner in der Herrschaft als auch als möglicher Nachfolger. Die Zeitung unterstreicht, daß Muḥammad zwei Jahre jünger als der König sei und keine Basis für irgendwelche königlichen Ambitionen seinerseits habe. Doch die diplomatischen Berichte sehen Muḥammad und ᶜAbdallāh, die Brüder von Ibn Saᶜūd, weiter als die Hauptkonkurrenten, falls Saᶜūd beiseite geschoben werden könnte. Nach altarabischer Stammestradition sollte der beste Mann ihrer Generation als Ibn Saᶜūds legitimer Nachfolger gewählt werden.[191] Falls die saudische Familie entschieden hätte, die Herrschaft an die nächste Generation auszuhändigen, dann wäre Muḥammads ältester Sohn in hohem Maße sowohl durch Seniorität innerhalb der Familie (nach Saᶜūd) als auch durch persönliche Qualitäten qualifiziert. Muḥammad war eine Person, die am saudischen Hof aufgrund ihrer Taten zählte. Aber seine Beziehungen zu Ibn Saᶜūd hatten sich in der Mitte der dreißiger Jahre fast bis zu einem Punkt der offenen Revolte verschlechtert. "Umm al-Qurā" wurde niemals müde zu berichten, daß Muḥammad jünger als der König war. Es wurde gleichfalls mehrmals betont, daß Saᶜūd, der designierte Erbe, des Königs ältester Sohn war, womit zum Ausdruck kam, daß die Nachfolge durch Seniorität bestimmt wurde. Die Nebeneinanderstellung dieser beiden Punkte vermittelte eine klare Botschaft: Ibn Saᶜūd war der unumstrittene König, und er beanspruchte das uneingeschränkte Recht, seinen Nachfolger zu nominieren. Ungeachtet aller Behauptungen in der Presse kann Muḥammad kann nach allem nicht der jüngere von den beiden gewesen sein. Es gibt keinen Zweifel daran, daß er um 1880 geboren wurde, das vermutliche Geburtsjahr von Ibn Saᶜūd. In ihrer Todesanzeige von 1943 für Muḥammad gab "Umm al-Qura" ein Geburtsdatum an, das mehr als sechs Monate später als das des Königs lag. Arabische Quellen und europäische Berechnungen stimmen darin überein, daß Muḥammad jünger war als Ibn Saᶜūd[192], aber britische Quellen präsentieren eine unterschiedliche Meinung. Der britische Überblick "Personalities in Saudi Arabia" für das Jahr 1939 (überarbeitet 1943) stellt fest, daß Muḥammad von sich sagte, "ein wenig älter zu sein als der König"[193].

Auf keinen Fall war das genaue Geburtsdatum wirklich bedeutend. Muḥammad zweifelte nicht Ibn Saᶜūds Recht auf Herrschaft an. Wäre der König zuerst gestorben, hätte es keinen Zweifel daran gegeben, daß Muḥammad der älteste überlebende Sohn von ᶜAbd ar-Raḥmān[194] und ein logischer Kandidat gewesen wäre, um auf den Thron nachzufolgen. Die beiden Brüder hatten ihre Kindheit zusammen im Exil verbracht, wo sie beim Āl Murra-Stamm im Leeren Viertel gelebt haben sollen.[195] 1901 verließen sie zusammen Kuweit mit dem Ziel, eine militärische Streitmacht aufzubauen, die fähig wäre, ihre gemeinsamen Hoffnungen, die Wiedererlangung ar-Riyāḍs, in die Wirklichkeit umzusetzen.[196] Der Überfall vom 15. Januar 1902, der mit der Wiedereinnahme von ar-Riyāḍ endete, war die erste Frucht dieser Kooperation.[197] Zusammen mit ihrem ersten Cousin ᶜAbdallāh ibn Ǧalawī arbeiteten sie bei der Wiedererrichtung des saudischen Staates zusammen. Diese enge Kooperation überdauerte indes nicht die ersten Erfolge. Muḥammads Name verschwand zwischen 1904 und 1919 nach und nach aus den zeitgenössischen Dokumenten. Sein Name wurde ersetzt durch Hinweise auf Turkī, den ältesten Sohn von Ibn Saᶜūd, während die nächsten beiden Söhne begannen, politische Verantwortung zu übernehmen - Saᶜūd ab 1912 und Faiṣal ab 1919. Muḥammad tauchte erst wieder 1921 nach Turkīs Tod auf, um bei der Führung des Feldzuges gegen die Šammar zu helfen, aber seine politischen und militärischen Aufgaben blieben begrenzt. Nachdem er an der Eroberung des Ḥiǧāz teilgenommen hatte, ernannte ihn sein Bruder Ibn Saᶜūd im Oktober 1924 zum Gouverneur von Mekka.[198] Die Berufung auf diesen prestigeträchtigen Posten könnte die alte Freundschaft zwischen den Brüdern erneuert haben, aber aus keinem ersichtlichen Grund entfernte Ibn Saᶜūd Muḥammad nach nur dreizehn Monaten im Amt von diesem Posten und ernannte seinen Sohn Faiṣal an dessen Stelle.

Dieser demütigende und nicht zu rechtfertigende Schritt brachte das Faß zum Überlaufen. Zehn Jahre später grub Muḥammad diese Absetzung wieder aus, als er an den König schrieb, um gegen die Designierung von Saᶜūd als Thronerben zu opponieren.[199] 1934 rechtfertigte der König die Entlassung mit dem Argument, wenn Muḥammad auf seinem Posten geblieben wäre und ungeschickt geherrscht hätte, wäre es unmöglich gewesen, ihn zu entlassen, ohne Schande auf die Familie zu bringen.[200] Was auch der Grund gewesen sein mag, die Entlassung markierte den Beginn einer neuen Phase für Muḥammad, der jetzt begann, sich den neuen Versuchen des Königs, die Macht für sich selbst und seine Söhne zu monopolisieren, zu widersetzen. Muḥammad hatte eine natürliche Verbindung zu seinem Schwiegervater, Sulṭān ibn Ḥumaid ibn Biǧād, dem Scheich der Barqā-Sektion des ᶜUtaiba-Stammes und Emir der hiǧra in Ġaṭġaṭ[201]. Obwohl Sulṭān ibn Ḥumaid Ibn Saᶜūd bei der Einnahme von Mekka 1924 unterstützte, wurde er später ein Gegenspieler des Königs. Er war einer der Führer der Rebellion von 1928 und wurde nach deren Niederschlagung eine Weile eingekerkert. Sulṭān und Muḥammad wurden beide fanatische Wahhabiten[202], was wahrscheinlich die Basis für ihre politische Kooperation bildete. Es ist wahrscheinlich, daß der eigentliche Kopf der iḫwān-Aufstände Muḥammad ibn ᶜAbd ar-Raḥmān war. Nach Wahba soll ad-Dawīš im Lager der iḫwān berichtet haben, daß es in Ibn Saᶜūds Lager "eine Armee von Köchen und schwachen Menschen" gäbe, "die auf Matratzen schliefen"[203].

Diese Geschichte soll dann bei den iḫwān die Runde gemacht haben. Am Morgen des 30. März 1929 standen sich die beiden Armeen gegenüber, wobei die iḫwān zahlenmäßig eindeutig unterlegen gewesen sein sollen, zuletzt in einem Verhältnis von eins zu drei.[204] Obwohl die iḫwān gegen scherifische Truppen bei zahlenmäßiger Unterlegenheit mehrfach Schlachten für sich entschieden hatten, so waren doch die Kämpfer aus dem Naǧd von anderer Qualität.[205] Die demonstrative Erwähnung Muḥammad ibn ᶜAbd ar-Raḥmāns im Bericht von "Umm al-Qurā" ist sicher nicht geeignet, die Vermutung zu entkräften, daß der Bruder Ibn Saᶜūds in die iḫwān-Aufstände involviert war.

Bligh erwähnt leider nichts von der Tatsache, daß Muḥammad an der Schlacht von Sabila beteiligt war. Die Entfremdung zwischen den Brüdern begann sicher nach Muḥammads Abberufung als Gouverneur von Mekka. Die Erwähnung als einer der Führer von Ibn Saᶜūds Streitkräften sollte sicher dem Ausland die Geschlossenheit der königlichen Familie demonstrieren und die kursierenden Gerüchte entkräften. Die Verwicklung von Muḥammad ibn ᶜAbd ar-Raḥmān in den iḫwān-Aufstand könnte die Langmut des Königs gegenüber den iḫwān erklären. In späteren Jahren nutzte Muḥammad seine religiösen Überzeugungen, um Ibn Saᶜūds Nachfolgepläne zu verhindern. Muḥammad war anfangs gewillt, eine Hauptrolle in der Treueid-Zeremonie für den designierten Erben Saᶜūd zu spielen, aber seine Überzeugung war wohl die, daß er nur seinem Bruder zur Loyalität verpflichtet sei. Diese Pflicht war gültig nur bis zu dessen Tod und erstreckte sich nicht auf seine Söhne, was altarabischer Tradition entsprach. Im ganzen Jahr 1934 arbeitete er daran, eine Opposition gegen Saᶜūd aufzubauen. Im Dezember 1934 bemerkte der König diese Anstrengungen und lud die königliche Familie zu einer Konferenz ein, auf welcher die Loyalitätsbekundungen für Saᶜūd erneuert wurden. Er hoffte, daß die Einladung helfen könnte, die loyalen Mitglieder der königlichen Familie von denjenigen, die ihre eigenen Vorstellungen über die Nachfolge hatten, zu unterscheiden.

Muḥammad nahm die Herausforderung an. Unterstützt durch seine Brüder ᶜAbdallāh und Aḥmad, schrieb er an den König und legte seine Einwendungen zu Saᶜūd dar, während er seine Loyalität für Ibn Saᶜūd als Herrscher von Saudi-Arabien bestätigte. Muḥammads Sohn Ḫālid fügte seinen Namen auf der Petition hinzu. Als Enkel von ᶜAbd ar-Raḥmān und Zeitgenosse von Saᶜūds Generation unterstrich Ḫālid, der von einem Teil der königlichen Familie - den Brüdern von Ibn Saᶜūd - gestützt wurde, mit seiner Unterschrift seinen Anspruch auf die Thronfolge. In der Folgezeit wurde Ḫālid ibn Muḥammad konsequent als Oppositionskandidat zu Saᶜūd aufgebaut. Die Gegner des Thronerben Saᶜūd argumentierten, daß die Familienloyalität zu Ibn Saᶜūd nur bis zu seinem Tod dauere und nicht automatisch auf den von ihm ausgewählten Nachfolger ausgedehnt werden könne.[206] Ihre Argumentation wurde zudem durch die bereits damals offenkundige Inkompetenz von Saᶜūd erleichtert. Unterstützt wurde diese Propaganda sicher auch durch religiöse Begründungen, welche egalitäre Momente bei der Auswahl des Imam - ähnliche wie bei den Ibāḍiten - hervorhob. So ist es nicht verwunderlich, daß gerade Muḥammad als rigoroser Wahhabit bekannt war.

> "Denn in einem Lande, das eine Staatsidee im eigentlichen Sinne nicht kannte, war auch die Erbfolge nicht unbedingt gesichert, und das Recht der Erstgeburt verbürgte keineswegs schon einen unbestrittenen Anspruch auf den Thron. Man hielt noch an der ursprünglichen Anschauung fest: wer Führer sein wollte, hatte sich als solcher erst zu bewähren."[207]

Unter solchen Umständen gab es immer die potentielle Gefahr eines Bürgerkrieges. Die Dissidenten konnten auf die ridda-Kriege hinweisen, die dem Tod des Propheten folgten, als bestimmte Stämme, die sich gegenüber Muḥammad als loyal betrachteten, nicht aber in bezug auf den Islam als solchen, rebellierten. Um derartige Entwicklungen abzuwenden, war es für das älteste überlebende Mitglied eines absterbenden Familienzweiges üblich, in diesem Falle für Muḥammad ibn ʿAbd ar-Raḥmān, die vom Herrscher getroffene Nachfolgeentscheidung zu sanktionieren. Falls ein Nachfolger gefunden werden konnte, der die Billigung Muḥammads besaß, wurde das Risiko eines Bürgerkrieges minimiert. Diese Argumente waren nur gültig, falls Muḥammad Ibn Saʿūd überlebte. In Anbetracht seines eigenen Alters verzichtete Muḥammad ibn ʿAbd ar-Raḥmān darauf, sich selbst als einen möglichen designierten Erben anzubieten; er war ungefähr im gleichen Alter wie sein (Halb)Bruder Ibn Saʿūd, der gute Aussichten hatte, noch viele Jahre zu herrschen. Falls er den König überleben würde, wäre er wahrscheinlich ein alter Mann gewesen, ungeeignet, eine neue Nachfolgelinie zu etablieren und zu verteidigen.

Der Oppositionskandidat: Ḫālid ibn Muḥammad ibn ʿAbd ar-Raḥmān

Die Wahl für einen alternativen Erben wurde logischerweise auf Ḫālid, Muḥammads Sohn, übertragen[208], der zwar jünger als sein Cousin Saʿūd, aber älter als alle anderen Söhnen von Ibn Saʿūd war. Von diesem Gesichtspunkt aus kam für den König aus Gründen der Dynastiesicherung nur Saʿūd als Thronfolger in Frage.

Ḫālid, 1903[209] geboren, war drei Jahre älter als Faiṣal. Falls Saʿūd aus dem Rennen ausschied - aus welchen Gründen auch immer - würde Ḫālid ibn Muḥammad die Seniorposition unter den Enkeln von ʿAbd ar-Raḥmān einnehmen. Die Entfernung von Saʿūd blieb nicht hypothetisch. Ḫālid wurde beschuldigt, schon 1927 versucht zu haben, seinen Cousin Saʿūd zu ermorden.[210] Drei Jahre später unternahm er - gemäß einem Bericht aus dem Jahr 1935 - einen weiteren Versuch.[211] Bei diesem zweiten Vorkommnis, so besagen die Gerüchte, habe Ḫālid Saʿūd verfehlt und stattdessen einen Diener ermordet. Ungeachtet ihres umstrittenen Wahrheitsgehaltes belegen doch die Gerüchte, daß es innerhalb der königlichen Familie Zirkel gab, die die Nachfolgeregelung als eine ungelöste Angelegenheit betrachteten. Ḫālid wurde tatsächlich als eine mögliche Alternative zu Saʿūd empfunden.

Ḫālids Mordversuch kostete Saʿūd nicht das Leben, zumindest nicht sofort. Im Gegenteil, Ibn Saʿūd arrangierte ein Heirat zwischen einer Tochter Faiṣals und Ḫālids Sohn Fahd ibn Muḥammad. Die Hochzeit sollte eine verstärkte Loyalität zu Ibn Saʿūd und seinem zweitältesten Sohn Faiṣal schaffen.[212]

Ibn Saʿūd hoffte wahrscheinlich, daß Ḫālid dem Beispiel des ʿArāʾif-Führers Saʿūd ibn ʿAbd al-ʿAzīz ibn Saʿūd folgen würde, der sich zu voller Loyalität zum König verpflichtet hatte, um von ihm nach der erfolglosen Revolte von 1910 seine Freiheit zurückzuerhalten. Er hatte gleichfalls in Ibn Saᶜūd unmittelbare Familie eingeheiratet.[213] Ibn Saᶜūds Hoffnungen wurden nicht erfüllt. Ḫālid verließ Anfang Januar 1935 ar-Riyāḍ in Richtung Mekka, zusammen mit seinem Vater und seinen Onkeln ᶜAbdallāh und Aḥmad, um auf der Familienkonferenz der Wiederholung des Loyalitätseides an Saᶜūd auszuweichen. Muḥammad blieb während dieser Woche, die er in Mekka verbrachte, nicht untätig. Er nahm die Gelegenheit war, eine Tochter von Scheich ᶜAbdallāh ibn Ḥasan, einem führenden wahhabitischen Gelehrten, zu heiraten. Bereits durch eine Frau, die Tochter von Sulṭān ibn Ḥumaid ibn Biǧād, mit der rebellischen Barqā-Fraktion des ᶜUtaiba-Stammes verbunden, versuchte Muḥammad jetzt, eine Allianz mit einer einflußreichen religiösen Familie zu schmieden, indem er Ibn Saᶜūds eigene Taktik der politischen Heirat anwandte.

ᶜAbdallāh ibn Ḥasan war am 15. April 1870[214] in der sechsten Generation der Familie Āl Šaiḫ geboren worden, Nachkommen des Gründers der unitarischen Bewegung. Von 1905 bis 1918 war er Imam in der ᶜAbd ar-Raḥmān ibn Faiṣal-Moschee in ar-Riyāḍ. Dies war ein bedeutender Posten für den jungen religiösen Lehrer, aber diese Funktion hatte keinen Einfluß auf die Gestaltung der saudischen religiösen Politik. 1918 entsandte ihn Ibn Saᶜūd zu den iḫwān unter Faiṣal ad-Dawīš. Die beiden Männer haben sich vermutlich gegenseitig in der Entwicklung ihrer extremen religiösen Sichtweise beeinflußt, für welche sie später bekannt wurden. Dies kann ein Grund gewesen sein, der Ibn Saᶜūd veranlaßte, ᶜAbdallāhs Mission nach etwa einem Jahr zu beenden. Dem widerspricht auch nicht die übliche Organisation im saudischen Staat, wie sie von R. B. Winder beschrieben wurde:

> "Die gewöhnliche Prozedur in der Ernennung von Kadis war, in den zentralen Distrikten ständige Posten zu vergeben und in solchen Provinzen wie Oman oder Jabal Shammer Ernennungen rotieren zu lassen. Die zeitweilig Ernannten dienten gewöhnlich etwa ein Jahr."[215]

Es ist bekannt, daß ᶜAbdallāh niemals nach ar-Riyāḍ zurückkehrte. Er nahm zwischen 1920 und 1924 an ein paar Schlachten teil, einschließlich der Einnahme von Ḥāʾil 1921. ᶜAbdallāhs Verbindung zu den Sauds zahlte sich nach der Eroberung des Ḥiǧāz aus. Er wurde Imam und ḫaṭīb (Prediger) der großen Moschee in Mekka. Sein Einfluß reichte bald über die offizielle Bedeutung des Postens hinaus. Die Reinigung der heiligen Städte des Ḥiǧāz 1926, bei welcher viele "idolträchtige" Plätze zerstört wurden, war wahrscheinlich sein Werk.[216] Sie war in Kooperation mit einem anderen prominenten religiösen Führer, ᶜAbdallāh ibn Bulaihid, durchgeführt worden, den die Briten als einen extremen Fanatiker beschreiben. 1927 wurde ᶜAbdallāh ibn Ḥasan zum Hauptrichter in Mekka bestimmt. Eine Allianz mit ᶜAbdallāh wäre für Muḥammad, der als "fromm" bekannt war, schon früher denkbar gewesen, der Zeitpunkt indes beweist die eindeutig politische Zielrichtung dieser Heirat.

Die Versuche des Königs, den einflußreichen ᶜAbdallāh zu protegieren, zeigten nicht die erhofften Wirkungen. Er blieb ein potentieller Verbündeter der Opposition um Muḥammad ibn ᶜAbd ar-Raḥmān. Sein alter Freund Faiṣal ad-Dawīš, der prominenteste Führer der iḫwān-Revolte 1927-1930, war von der Bildfläche verschwunden.[217] Die Unterdrückung dieses Aufstandes, der das Banner von tribalen und religiösen Werten erhoben hatte, ließ vermutlich Bitternis und Feindschaft bei ᶜAbdallāh zurück. Das britische Foreign Office glaubte auf jedem Fall, daß der Kadi die iḫwān begünstigte.

ᶜAbdallāhs Position in religiösen und politischen Fragen schien - so Bligh - nach dem Aufstand noch extremer geworden zu sein. 1932 unterzeichnete er eine Proklamation der ᶜulamāʾ, in welcher er zum ǧihād gegen die Rebellion von Ibn Rifāda im nordwestlichen Saudi-Arabien aufrief, die von den haschimitischen Führer des Irak und Transjordaniens unterstützt wurde. Es scheint mir indes bedenklich, diese eindeutige Stellungnahme für Ibn Saᶜūd, noch dazu zu einem Zeitpunkt, als Ibn Saᶜūds militärische Stärke aufgrund der teilweisen Zerschlagung der iḫwān und der vorhandenen Kapitalnot infolge der herrschenden Weltwirtschaftskrise lediglich als persönlich motiviert hinzustellen. Beim Aufstand von Ibn Rifāda[218] ging es für Ibn Saᶜūd durchaus um das Überleben seines Staates.[219]

Die 1935 erfolgte Hochzeit war der Höhepunkt der von ᶜAbdallāh und Muḥammad betriebenen Opposition. Beide hatten sowohl persönliche wie religiöse Gründe. Die Heiratsallianz vereinigte die Opposition und ermutigte Muḥammad, eine unabhängigere Position einzunehmen, besonders im Hinblick auf seine frühere Allianz mit Sulṭān ibn Ḥumaid. Muḥammad hat aber niemals die Zahl der politischen Heiraten seines Bruders Ibn Saᶜūd erreicht. Der König versuchte durch Heiratsbeziehungen und höhere Apanagen die Opposition wieder in stärkerem Maße an sich zu binden. Zudem versuchte er im August 1935, sich mit ᶜAbdallāh ibn Ḥasan zu versöhnen, um die Gefahr einer geschlossenen Opposition abzuwenden. Er erweiterte die Befugnisse des ᶜālim als qāḍī al-quḍāt und gab ihm die Kontrolle über das "Tugendhaftigkeitskomitee", die religiöse Polizei, die mit der Überwachung des öffentlichen Lebens beauftragt war. Von Faiṣal, dem Sohn des Königs, ist bekannt, daß er gegen diese Maßnahmen opponierte. Doch war ᶜAbdallāh so einflußreich, daß er den König überzeugte, die Benutzung von Radios lediglich für tägliche Nachrichtenübertragungen und Koranrezitationen zuzulassen.[220] Die offenbare Wirkung dieser Konzessionen bestand darin, ᶜAbdallāh aus den Reihen der Opposition zu lösen, was zum religiösen Charakter von Saudi-Arabien beitrug. Das Haus Saᶜūd war noch zu neu auf dem Thron, um offen die religiösen Elemente herauszufordern. Faiṣal, beeinflußt durch europäische Gedanken, versuchte trotz seiner Verbindungen zur aš-Šaiḫ-Familie die Macht der ᶜulamāʾ zu zügeln. Er hatte indes wenig Aussicht, seine Ansichten in dieser Zeit durchzusetzen. Sein nichtreligiöser Lebensstil hatte ihn zudem sowohl bei den ᶜulamāʾ als auch bei der eigenen Familie in Mißkredit gebracht. Ibn Saᶜūds Ehrerbietung gegenüber einem ᶜālim und seine Überlegenheit gegenüber einem in religiösen Dingen eher moderaten Sohn muß des Königs Popularität unter diesen Kräften gestärkt haben.

Die Opposition innerhalb der Dynastie wird beschwichtigt

Auch scheute sich Ibn Saᶜūd nicht, finanzielle Mittel anzuwenden. Er soll schon im Januar 1935 mehrere tausend Riyāl an Muḥammad transferiert haben.[221] Die Quellen schließen aus, daß der König lediglich seinem Bruder aus finanziellen Schwierigkeiten helfen wollte. Ibn Saᶜūd war zwar für seine Großzügigkeit bekannt, aber er suchte wahrscheinlich einen neuen Weg, sich seinem Bruder anzunähern. Der König kann auch versucht gewesen sein, eine extremere Taktik anzuwenden. Gerüchte gingen im Königreich um[222], daß der Monarch zugunsten von Saᶜūd abdanken wolle. Er hätte sicher die effektive Herrschaft in seinen eigenen Händen behalten, mit Saᶜūd als Titularherrscher. Das Ergebnis wäre in etwa das gleiche gewesen, das mit der Abdankung von ᶜAbd ar-Raḥmān vor 35 Jahre erreicht wurde: die Absicherung der herrschenden Linie gegen andere Zweige. Muḥammad hätte vor vollendeten Tatsachen gestanden. Es blieb aber beim Gerücht. Auf dem Höhepunkt der ganzen Spekulation nahm Ibn Saᶜūd eine weitere Frau und deutete damit an, daß er seine Stammesunterstützung in Erwartung noch vieler Jahre auf dem Thron verbreitern wolle. Er nahm Nauf bint Nawwāf aš-Šaᶜlān zur Frau.[223] Die aš-Šaᶜlan waren die Führer des mächtigen Ruwalā-Stammes[224], der im nordwestlichen Saudi-Arabien, Transjordanien und Syrien lebte. Die neue Frau gebar Ṯamīr (1937, gestorben 1959), Mamdūḥ (1940) und Mašhūr (1942). Keiner dieser Söhne spielte jemals eine Rolle in der Thronfolge. Ibn Saᶜūds politischer Instinkt half, seine Risiken durch Förderung von ᶜAbdallāh ibn Ḥasan zu minimieren. Hinzu kamen die Verstärkung seiner Stammesverbindungen und der Versuch, seinen Bruder zu kaufen. Dennoch setzte Muḥammad seine Opposition fort. Zwei Jahre sammelte der König geduldig die Familie hinter sich. So nahm die ganze Familie, ausgenommen Muḥammad, 1935 an einem Jagdausflug[225] teil; indes folgten Muḥammad nur sehr wenige, als er für einige Zeit nach Mekka ging. Die kleine Oppositionsbewegung erhielt kaum Unterstützung innerhalb oder außerhalb der Familie. Im Januar 1938 begann Saᶜūd, wahrscheinlich auf den Rat seines Vaters hin, Sicherheitsvorkehrungen zu treffen, um einen dritten Anschlag auf sein Leben durch Ḫālid zu verhindern.

Der Tod von Ḫālid ibn Muḥammad ibn ᶜAbd ar-Raḥmān

Am 1. April 1938 brachte "Umm al-Qurā" die Nachricht, daß Prinz Ḫālid "Anfang der Woche gestorben" sei. Der Kampf um die Position des designierten

Erben war mit dem Tod von Ḫālid vorüber. Gerüchte gingen durch Saudi-Arabien, daß der Thronprätendent nicht eines natürlichen Todes gestorben sei, wie es das saudische Hofjournal darstellte. Er sei bei einem Jagdausflug nicht weit von ar-Riyāḍ ermordet worden. Über das Schicksal seiner möglichen Attentäter wurde niemals etwas bekannt, noch wurde in der saudischen Presse jemals eine Untersuchung erwähnt. In Anbetracht des Verhältnisses zwischen Sa^cūd und Ḫālid muß man das Gerücht, er sei ermordet worden, als glaubhaft ansehen.

Ḫālids Tod ließ Muḥammad und seine Parteigänger ohne passenden Kandidaten. Der älteste überlebenden Bruder Ḫālids, Fahd (geb. 1904) hatte keine politischen Ambitionen. Der einzige Weg, die Herrschaft noch auf den Zweig von Muḥammad ibn ʿAbd ar-Raḥmān zu übertragen, wäre nur durch den frühen Tod von Ibn Saʿūd und die Unterstützung großer Teile der Āl Saʿūd für Muḥammad möglich gewesen. Abgesehen von einer solchen unwahrscheinlichen Entwicklung, schien die Nachfolge klar in den Händen der Söhne von Ibn Saʿūd. Besiegt, isoliert und enttäuscht, starb Muḥammad am 26. Juli 1943, was den endgültigen Schlußpunkt unter den Sieg des ʿAbd al-ʿAzīz-Zweiges setzte.[226] Der Tod von Muḥammad ibn ʿAbd ar-Raḥmān schloß ein weiteres Kapitel in der Geschichte der Thronfolge im Königreich. Ein britischer Diplomat stellte lakonisch fest:

> "... der König, anstatt sich zu grämen über den Verlust eines alten Weggefährten, war als Herrscher erfreut zu sehen, wie eine mögliche Ursache für zukünftige Schwierigkeiten verschwand."[227]

Muḥammads Tod ließ ʿAbdallāh ibn ʿAbd ar-Raḥmān (geb. 1900) als ältestes Mitglied der Familie nach dem König selbst zurück. In Wahrnehmung seines Status wurden ʿAbdallāh bestimmte zeremonielle Funktionen am Hof gegeben. Zwar wurde er persönlich respektiert, er hatte aber keinen stabilen Einfluß auf die Gestaltung der saudischen Politik. Er errang sich teilweise einen Namen als älterer Staatsmann, der in Familienfehden konsultiert wurde.[228]

Sein Name tauchte wiederholt in den Nachfolgerivalitäten unter König Saʿūd (1953-1964) auf. Das dritte Mitglied der "kollektiven Führung" von 1902, ʿAbdallāh ibn Ǧalawī, war lange von der politischen Szene in ar-Riyāḍ abwesend gewesen. Er war 1908 zum Gouverneur von al-Qaṣīm ernannt worden. Die gleiche Position hatte sein Vater vom Imam Faiṣal ibn Turkī 1849 erhalten.[229] Fünf Jahre später wurde er Gouverneur von al-Ḥasā, nachdem die türkischen Garnisonen ohne großen Widerstand vertrieben worden waren. ʿAbdallāh baute sich aufgrund strikt durchgesetzter Befehle aus ar-Riyāḍ eine halbautonome Position in der östlichen Provinz auf, indem er seine eigenen engen Beziehungen zu den Stammeschefs und auch zu britischen Repräsentanten in der Golfregion aufrechterhielt. Nach seinem Tod 1936 folgte ihm sein Sohn Saʿūd nach. Der letztere schien Ambitionen auf den Thron[230] zu haben, aber die Aussichten waren schlecht. Er war in der Genealogie zu weit von dem herrschenden ʿAbd al-ʿAzīz-Zweig der Familie entfernt und residierte fern vom königlichen Hof. Allein die geographische Distanz hätte Schwierigkeiten bereitet, wenn er Unterstützung im Naǧd oder im Ḥiǧāz gebraucht hätte. Mit dem Tod von ʿAbdallāh ibn Ǧalawī 1936 und von Muḥammad ibn ʿAbd ar-Raḥmān 1943 verschwand die erste "kollektive Führung" des saudischen Staates mit Ausnahme des Königs Ibn Saʿūd. Seine Söhne Saʿūd, Faiṣal, Muḥammad und Ḫālid waren bestrebt, ihre Positionen während der Konfrontation zwischen ihrem Vater und ihrem Onkel zu verstärken. Ab 1943 waren sie diejenigen, die die künftige Richtung von Saudi-Arabien kontrollieren würden.

Der König sah den aufbrechenden brüderlichen Rivalitäten wohl mitunter gleichgültig zu, ja er förderte sie sogar. Vierzig Jahre nach der Wiedereinnahme von ar-Riyāḍ konnte Ibn Saʿūd schließlich erleichtert sein: Die von ihm gegründete Linie war gesichert; der Tod von Muḥammad ibn ʿAbd ar-Raḥmān fand den König und seine Söhne in voller Kontrolle des Königreiches. Er hatte seine eigene Dynastie geschaffen, um die Nachfolge auf seine Söhne zu begrenzen. Um dies zu erreichen, hatte er einen Hof aufgebaut, an dem die Macht im wesentlichen in den Händen seiner Söhne konzentriert war. Der König hatte eine Vielzahl von Söhnen, aus deren Reihen ein Nachfolger ausgewählt werden würde. Es war kein Problem, einen geeigneten Kandidaten für die Nachfolge zu finden. 1943 hatte der König 35 lebende Söhne; 1947 wurde Ḥamūd geboren. Indem die Nachfolge auf die Söhne des Königs beschränkt wurde, war ein Dilemma gelöst, aber ein anderes geschaffen: welchen Prinz auswählen unter dieser expandierenden Nachkommenschaft, und nach welcher Regel.

Die Söhne Ibn Saʿūds ringen um die Thronfolge

Kriterien für die Auswahl des Thronfolgers

Nicht jeder Sohn hatte die gleichen Chancen auf den Thron. Seniorität, wie immer, war ein bedeutendes Kriterium, was die persönliche Beziehung eines jeden Sohnes zu seinem Vater anging. Eines Sohnes Chancen hingen auch weitgehend von seiner Mutter ab: ihr eigener Familienbackground, ihre legale Beziehung mit Ibn Saʿūd (entweder Frau oder Konkubine) und die Stärke ihrer persönlichen Beziehungen zum König - all dies beeinflußten die Chancen der Söhne. Ein Unterschied zwischen Söhnen von freien Frauen und Söhnen von Konkubinen ist nicht im islamischen Gesetz verankert, aber im neunzehnten Jahrhundert wurde innerhalb der saudischen Familie die Höherwertigkeit der Söhne freier Frauen offenbar, auch wenn jede Sklavin, die einen Sohn von Ibn Saʿūd gebar, sofort frei war.[231] Das bedeutet nicht, daß Söhne von Konkubinen nicht in bedeutende Regierungspositionen gelangen konnten, aber jeder Versuch eines Sohnes aus dieser Kategorie, sich als Mitbewerber in den Thronfolgerivalitäten zu profilieren, scheiterte.

Die Mütter der Söhne von Ibn Saᶜūd blieben am Hof, auch wenn sie geschieden waren. Das hatte zur Folge, daß die meisten der Söhne in den königlichen Palästen aufwuchsen. Sie bildeten einen ausgedehnten Clan und entwickelten Mechanismen für die Schaffung eines Gespürs von ᶜaṣabīya (Stammessolidarität) zu ihren Gunsten.[232] Die Frauen des Königs hatten indirekt auf die Stellung ihrer Söhne beträchtlichen Einfluß. Söhne konnten zudem von einer gewissen Vorliebe des Königs für die eine oder andere Frau profitierten, Haremsintrigen waren nichts Ungewöhnliches. Manṣūr[233] (geb. ca. 1921) und Ṭalāl (geb. 1931)[234] waren beide Söhne von armenischen Konkubinen, doch beide erfreuten sich königlicher Begünstigung zu verschiedenen Zeiten. Ihr schneller Aufstieg im königlichen Dienst bis zu einem Punkt, an dem sie mögliche Mitbewerber für die Nachfolge wurden, muß dem Einfluß ihrer Mütter auf den König zugeschrieben werden. Ibn Saᶜūd hatte nach Angaben von Henderson vier Konkubinen. Er legt im Gegensatz zu Bligh den Schwerpunkt auf den Fakt, daß mehrere Konkubinen Ibn Saᶜūds keine Araberinnen waren, was ihre Söhne daran gehindert haben soll, den Thron zu erlangen.[235] Als weitere Prämissen führt Henderson Erfahrung, Intellekt, Popularität, mentale Stabilität und die Existenz mütterlicher Onkel an.[236] Zweifellos wäre die Kategorisierung der Söhne gemäß ihres mütterlichen Ursprungs ein Trugschluß, aber der Versuch vieler Söhne, sich über die mütterlichen Familienbeziehungen eine Machtbasis zu schaffen, ist offenkundig. Die meisten Frauen hatten den gleichen vornehmen Status und gehörten zu mächtigen Familien auf der Halbinsel, wie den Šammar oder den Banū Ḫālid[237], oder zu Nebenzweigen der saudischen Familie wie den Ǧalawī. Ihre mütterlichen Familien waren berühmt, aber die Söhne konnten diesen nicht offen ihre Loyalität bekunden; dies hätte im Widerspruch zur Stammesnorm gestanden, welche zur Treue zum väterlichen Stamm aufruft. In jedem Falle waren die Brüder alle miteinander durch komplexe Linien von Abstammung und Heirat verbunden. Es war üblich in der herrschende Linie, Frauen innerhalb der expandierenden königlichen Familie (also endogam) zu heiraten. Viele nahmen Cousinen[238] innerhalb des ᶜAbd ar-Raḥmān-Zweiges oder Frauen von den Ǧalawis; der dritte Hauptzweig der Saᶜūds, die ᶜArāʾif, geführt von Saᶜūd al-kabīr, hat gleichfalls mehrere Frauen auf diese Weise verheiratet. Außerdem heirateten die Mitglieder des Hauses der Saᶜūd gewöhnlich mindestens eine Frau aus dem Sudairī-Clan. Alle Söhne von Ibn Saᶜūd haben durch ihre Großmutter (Sāra bint Aḥmad as-Sudairī) Sudairī-Blut in ihren Adern, und viele haben selbst Sudairī-Frauen geheiratet. Die Sudairīs stellen eine besondere Gruppe innerhalb des Saᶜūd-Clans dar. Dies war besonders deutlich bei den Sudairī-Sieben, der größten dieser Gruppen: den Söhnen von Hazzaʾ bint Aḥmad as-Sudairī. Die Vollbrüder bildeten informelle Prinzenzirkel, die ihre Vollbrüder protegierten. Doch galt in jedem Falle, was immer die privaten Gefühle eines Prinzen waren, seine öffentliche Loyalität seiner väterlichen Familie. Faiṣal zum Beispiel hätte niemals das Recht gehabt, als Repräsentant der Āl Šaiḫ-Familie am königlichen mağlis teilzunehmen, ungeachtet der Abstammung seiner Mutter von Muḥammad ibn ʿAbd al-Wahhāb; er saß mit seinen Halbbrüdern gemeinsam bei diesen Versammlungen. Unter den Dutzenden von Söhnen konnten sich viele Prinzen als legitime Anwärter betrachten, ausgenommen diejenigen, welche schwere gesundheitliche Probleme hatten, die sie von der Herrschaft ausschlossen. Aber die Zahl der Söhne war theoretisch sehr groß.

Im letzten Lebensjahrzehnt von Ibn Saʿūd ergab sich eine Teilung der Prinzen in zwei Altersgruppen, welche die große zeitliche Spanne zwischen seinem ersten und seinem letzten Sohn reflektierte. Saʿūd, der älteste überlebende Sohn, war 1902 geboren worden, während Ḥamūd, der jüngste, 1947 zur Welt kam. In der Mitte der vierziger Jahre nahm jeder ältere Prinz bis Manṣūr eine bedeutende Position am Hof ein oder wurde aufgebaut, um größere Verantwortung zu übernehmen. Dies waren die Kandidaten für die Nachfolge. Das Lebensalter war ein entscheidender Faktor innerhalb der Gruppe. Holden/Johns kommentieren die Ernennung von Ḫālid zum Kronprinzen 1965 wie folgt:

> "Innerhalb des Hauses Saud indes waren keine festen Prinzipien bezüglich der Thronfolge etabliert worden. Im allgemeinen war die Praktik, ob nun die Führung nun an einen Bruder oder Sohn überging (das letztere war die gewöhnliche Prozedur)..., den ältesten akzeptablen Kandidaten auszuwählen." [239]

Dies war der Hauptgrund, daß Ibn Saʿūd den weniger befähigten Saʿūd vor Faiṣal als Thronfolger bevorzugte, ungeachtet bestimmter emotionaler Betrachtungen: es gibt keinen Zweifel, daß der König, besonders in seinen letzten Lebensjahren, durch die körperliche Ähnlichkeit zwischen ihm selbst und seinem ältesten Sohn beeinflußt wurde. Sie hatten den gleichen Körperbau und litten beide an Augenkrankheiten. Im Gegensatz zu Faiṣal hatte keiner von ihnen dem Studium jemals viel Zeit gewidmet. Beide sahen sich selbst hauptsächlich und zuerst als Stammesoberhäupter, und jeder erfreute sich tatsächlich der Unterstützung der arabischen Stämme. Die übriggebliebenen Prinzen nach Manṣūr waren zu jung, um als Rivalen am Hof betrachtet zu werden. Die Altersteilung, die in den vierziger Jahren eingeleitet wurde, verliert heute rapide an Bedeutung. Allein die Tatsache, daß König Fahd 73 Jahre und Kronprinz ʿAbdallāh 71 Jahre ist, verdeutlicht das anstehende Problem des Machttransfers an die nächste Generation, die Enkel König Ibn Saʿūds. Gemäß dieser Teilung gab es 1943 acht Prinzen mit begründeten Erwartungen, eines Tages auf dem saudischen Thron nachzufolgen: Saʿūd, Faiṣal, Muḥammad, Ḫālid, Nāṣir, Saʿd, Fahd und Manṣūr. Die letzten drei waren etwa so alt wie einige von Ibn Saʿūds Enkeln. Aber Fahds Position als ältester aus der größten Gruppe von Vollbrüdern und Manṣūrs Status als der Sohn einer Lieblingsgemahlin gaben diesen einen Vorteil vor Prätendenten aus der nächsten Generation.[240]

Faiṣal und Sa^cūd - Konkurrenten um die Macht

Die 1933 aufbrechenden Rivalitäten zwischen Saᶜūd und Faiṣal stellten den Auftakt zu einem Machtkampf dar, der erst 1964 mit der Ablösung Saᶜūds als König endete. Wenn auch Saᶜūd seit 1933 designierter Erbe war, so hatte Faiṣal Gründe genug zu hoffen, daß er am Ende Ibn Saᶜūd nachfolgen würde. Seine vielen persönlichen Vorzüge konnten leicht die vier Jahre aufwiegen, die ihn von seinem älteren Bruder trennten. Faiṣal war lange Vizekönig des Ḥiǧāz gewesen. Seine Berufungen auf andere Top-Positionen der militärischen, politischen und diplomatischen Ebene waren immer von den anderen Brüdern gut aufgenommen worden. Seine Reputation erhielt während des Jemen-Feldzuges 1934 durch seinen militärischen Erfolg weiteren Auftrieb. Der König hatte Saᶜūd und Faiṣal Kommandos über die zwei Hauptstreitkräfte gegeben, die beauftragt waren, in den Jemen einzudringen. Obwohl Saᶜūds Gruppe eine offensichtlich leichtere Route hatte, schaffte es Faiṣal, schneller vorwärtszukommen, und konnte so innerhalb von drei Wochen Ḥudaida besetzen, Jemens Haupthafen. Saᶜūd und seine Leute verloren beinahe ihren Weg in den Sanddünen. Der anfangs so erfolgreiche Feldzug im Nordjemen gab verschiedentlich auch zu der Spekulation Anlaß, daß Faiṣal im Jemen als König installiert werden sollte, was die Thronfolgerivalität in Saudi-Arabien selbst vielleicht entschärft hätte. So schrieb das Deutsche Nachrichtenbüro: "...man glaubt hier, daß ihm (Faiṣal - U. P.) Ibn Saud gestatten wird, sich zum König des Yemen ausrufen zu lassen."[241] Die Ernennung Faiṣals als Emir von Ḥudaida "gilt als Vorstufe zur Ausrufung des Emirs zum König von Yemen, die sofort nach der Einnahme von Sana erfolgen soll"[242].

Der Druck Großbritanniens und anderer europäischer Mächte erzwang die Einstellung der Kampfhandlungen und verhinderten diese zweifellos nicht aus der Luft gegriffenen Pläne. Faiṣal hatte zudem eine fast autonome Regierungsmaschinerie im Ḥiǧāz aufgebaut. Seine Positionen als Präsident des Deputiertenrates (geschaffen 1931) und als Präsident der Konsultativversammlung gaben ihm außerdem eine nationale Machtbasis. Als der Ḥiǧāz Ende der dreißiger/Anfang der vierziger Jahre nach und nach in das Saudische Königreich integriert wurde, widmete sich Faisal mehr und mehr der Außenpolitik, obwohl er auch verschiedene innenpolitische Posten innehatte. Faiṣal setzte seine Auslandsreisen fort. Obwohl sein mütterlicher Familien-Background viele Mitglieder der Familie dazu veranlaßt hatte, ihn als reaktionär zu betrachten, war sein Handeln in der Außenpolitik Saudi-Arabiens eher unorthodox.

Er war der erste saudische Vertreter, der im Mai 1932[243] die Sowjetunion besuchte. Im Gegensatz dazu hatte Saᶜūd wenig Erfahrung auf dem Gebiet der auswärtigen Beziehungen. Zu seinen Pflichten gehörte neben der gemeinsamen Repräsentation mit seinem Vater am königlichen Hof die Verantwortung für die Stammespolitik im Naǧd. 1924, während sein Vater mit der Unterwerfung des Ḥiǧāz beschäftigt war, übernahm Saᶜūd seine erste administrative Aufgabe als Gouverneur des Naǧd. Zwei Jahre später wurde er zum Vizekönig des Naǧd ernannt. Es gab vier Hauptregionen im Königreich: Naǧd, Ḥiǧāz, al-Ḥasā und ᶜAsīr. Hiervon war Saᶜūds Region die am meisten traditionelle in Stammesstruktur und religiösen Haltungen. Während Faiṣal mit komplizierten religiösen und politischen Problemen beschäftigt war, vor welche er durch die Pilgermassen aus einer Vielzahl von Ländern in den ḥaramain (Mekka und Medina) gestellt wurde, war Saᶜūds Aufgabengebiet hauptsächlich auf das Stammesleben beschränkt. Er war erfolgreich in diesen Aufgaben, aber sein eingeschränkter Aufgabenbereich war keine Vorbereitung auf seine Funktion als König. Saᶜūd litt zudem an einer Augenstörung, die im Jahre 1926 einen Besuch in Ägypten zur medizinischen Behandlung erforderte. Obwohl der König Saᶜūd als Thronfolger designierte, betrachtete er seinen ältesten Sohn niemals als Partner in der Regierung, obwohl der ihn als Berater in einer Anzahl von Schlachten begleitete. Nach seiner Ernennung als Thronfolger 1933 begann Ibn Saᶜūd, seinen Sohn mehr in die tägliche administrative Arbeit einzubinden. Aber Saᶜūd fehlte noch die Autorität, ohne seines Vaters Billigung zu handeln. Außerdem war er als designierter Erbe gezwungen, nahezu die ganze Zeit innerhalb des Landes zu verbringen, obwohl er 1935 und 1939 Europa, 1937 Irak, 1947 die USA und 1949 Indien besuchte.

Während der zwanzig Jahre als Thronfolger wurde Saᶜūd niemals mit exekutiver Gewalt betraut. Erst im Sommer 1953, als sich die Gesundheit des Königs ernsthaft verschlechterte, begann dieser größere Verantwortlichkeiten auf Saᶜūd zu übertragen, konkret: er übertrug ihm den Befehl über die bewaffneten Streitkräfte und die Polizei, und später ernannte er ihn zum Premierminister.[244] Faiṣal wurde zu dieser Zeit zu Saᶜūds Stellvertreter ernannt. Saᶜūds Designierung als offizieller Erbe im Jahre 1933, die zu offener Opposition von Muḥammad ibn ᶜAbd ar-Raḥmān führte, war gemäß den Berichten, welche 1934 aus dem Königreich kamen, wohl nicht mit Faiṣal abgesprochen,[245] von dem gesagt wurde, daß er sich über die Aussicht ärgerte, daß sein wenig intelligenter Bruder ihm auf dem Thron vorausgehen würde. Saᶜūd seinerseits beneidete Faiṣal um seinen angeblich besseren Blick im Jemen-Feldzug und seine wachsende Popularität im Ḥiǧāz.[246] Er spürte, daß die Beschäftigung mit der Außenpolitik, wie Faiṣal es tat, eine ausgedehntere Verantwortlichkeit bedeutete als die Erledigung geringfügigerer Stammesfragen. Saᶜūd fürchtete, daß sein Bruder keine Anstrengung scheuen würde, ihn loszuwerden und sich den Thron selbst zu sichern, nachdem ihr Vater von der politischen Bühne verschwunden war. Der König selbst war sichtbar durch diese brüderliche Rivalität verstimmt und befürchtete, daß das Problem an die Öffentlichkeit gelangen könnte. Berichte aus Saudi-Arabien von 1935 verkleinerten die ganze Angelegenheit und spielten stattdessen die Drohung von Muḥammad ibn ᶜAbd ar-Raḥmān hoch.[247] Die Möglichkeit einer Spaltung zwischen den zwei Brüdern bekam internationale Bedeutung, als die wachsende Polarisierung in

Europa sich im Mittleren Osten auszuwirken begann. Berichte aus dem Königreich identifizieren Saʿūd als proitalienisch und Faiṣal als proamerikanisch.[248] Ibn Saʿūd versuchte, den Gerüchten über die politische und persönliche Feindschaft zwischen seinen ältesten Söhnen durch eine erneute Bestätigung seiner Unterstützung für Saʿūd ein Ende zu setzen. Anfang 1936, nachdem er eine Frau aus der Saʿlān-Familie geheiratet hatte, befahl er Saʿūd, eine Schwester seiner neuen Frau zu heiraten.[249] Die Heirat im April 1936 signalisierte die weitere Unterstützung für Saʿūd als Thronerben. In Absicherung der Position seines Sohnes verbreitete der König wiederholt Gerüchte, daß er zugunsten seines ältesten Sohnes abdanken würde.[250] Diese Gerüchte zirkulierten bis 1938. Saʿūd wurde 1937 in Großbritannien behandelt. Er verließ trotz der Notwendigkeit einer medizinische Behandlung nur widerwillig das Land, da er fürchtete, daß sein Bruder seine Abwesenheit ausnutzen könnte, um den Thron einzunehmen, falls Ibn Saʿūd etwas passierte. Der Brief eines britischen Diplomaten beschreibt Saʿūds Gefühle gegenüber Faiṣal in zurückhaltenden Worten:

> "... Saud kann, überdies, ein Auge auf die Möglichkeit des Ablebens des Königs haben und mißtraut der Anwesenheit seines jüngeren Bruders, welcher sich nach und nach selbstsicherer im Sattel etablierte, im Hedschas, der Hauptquelle des Wohlstand von Saudi-Arabien."[251]

Saʿūds Ängste bestätigten sich - aber erst nach mehr als dreißig Jahren. Faiṣal schaffte es schließlich in den sechziger Jahren, seinen älteren Bruder zu entfernen und seinen Platz einzunehmen, indem er Gesundheitsgründe vorschob. Aber so lange Ibn Saʿūd am Leben war, hielt er an seiner Wahl fest, ungeachtet aller ernsten Argumente dagegen. 1939 gab er einen Befehl, daß alle Korrespondenz und alle Dokumente Saʿūd zu zeigen seien.[252] Die Instruktion hatte wenig praktische Bedeutung, da Ibn Saʿūd die reale Autorität behielt, aber es war ein Hinweis sowohl innerhalb des Königreiches als auch im Ausland, daß Saʿūd der gesetzmäßige Erbe war. In einem weiteren Schritt, unternommen am 29. November 1939, bestimmte der König Saʿūd zum stellvertretenden Oberbefehlshaber der Streitkräfte.[253] Die fortgesetzte Unterstützung vom Herrscher und von den Stämmen im Naǧd gab Saʿūd einen Vorteil über Faiṣal. Der letztere andererseits festigte seine Position im Ḥiǧāz durch Einbindung mehrerer seiner jüngeren Brüder in die Administration und durch kontinuierlichen Kontakt mit ausländischen Mächten, um sein Image als fähiger Herrscher auszubauen. Die Berichte zeigen, daß zumindest mehrere britische Repräsentanten ihn als einen potentiell besseren Herrscher als Saʿūd betrachteten, den sie als eine labile Person porträtierten, der ungeeignet wäre, das Königreich zusammenzuhalten.[254]

Das Vichy-Regime in Frankreich teilte die britische Einschätzung zu Faiṣal und versuchte 1941 die Idee zu verfolgen, Faiṣal als König von Syrien zu krönen, um sich dadurch Einfluß auf Saudi-Arabien zu sichern und nebenbei die Nachfolgerivalität innerhalb Saudi-Arabiens zu lösen.[255] Die Ungewißheit über einen Sieg der Achsenmächte war der Grund für das Scheitern des Plans. 1944 versuchte Ibn Saᶜūd die Idee einer Inthronisation Faiṣals als ein Mittel der Versöhnung zwischen seinen beiden ältesten Söhnen aufzugreifen; diesmal wandte er sich an die Alliierten, die den Vorschlag ablehnten.[256] 1940 waren die Beziehungen zwischen Saᶜūd und Faiṣal sehr gespannt. Britische und amerikanische diplomatische Berichte aus Ǧidda warnten, daß Faiṣals Loyalität nicht als erwiesen angenommen werden könne, falls der König sterben sollte.[257] Am Vorabend von Muḥammad ibn ᶜAbd ar-Raḥmāns Tod befahl Ibn Saᶜūd eine Waffenruhe, die im Mai 1943 mit der Heirat von Fahd, Saᶜūds ältestem Sohn (geb. 1923), und einer Tochter von Faiṣal besiegelt wurde.[258] Die Hochzeit ließ die Rivalität für eine Weile in den Hintergrund treten. In dieser Zeit legte der König einen neuen Vorschlag für die Lösung der Thronfolge vor. Saᶜūd würde eine bestimmte Zeit herrschen und dann durch Faiṣal ersetzt werden. Der Mechanismus für diesen Machttransfer wurde indes nie vorgestellt. Die Waffenruhe war nur zeitweilig, und eine reibungslose Nachfolge war durch kein Mittel garantiert, als sich die Gesundheit des Königs nach 1943 kontinuierlich verschlechterte. Als eine Vorsichtsmaßregel befahl der König 1944 Kronprinz Saᶜūd, das Königreich nicht zu verlassen.[259] Er versuchte nun den Eindruck zu vermitteln, daß Saᶜūd mehr in Regierungsangelegenheiten eingebunden würde, obwohl der König ihm keine wirkliche Autorität einräumte. Ungeachtet all seiner Titel hatte Saᶜūd keine Möglichkeit, seine Fähigkeiten zu demonstrieren. Angst vor der Zukunft des Landes begann sich auszubreiten.

Die Söhne Ibn Saᶜūds setzten nach dem Zweiten Weltkrieg in umfangreichem Maße Kompetenzerweiterungen durch, denen sich der König in Anbetracht seines schlechten Gesundheitszustandes nicht entziehen konnte.

Ein neuer Favorit - Manṣūr betritt die Bühne

Ein neuer Streit über den Posten des amtierenden Vizekönigs des Ḥiǧāz weitete den Prinzenkampf um Macht und Einfluß in Saudi-Arabien aus. Faiṣal, immer mehr beschäftigt mit nationalen und auswärtigen Angelegenheiten, suchte seine Machtposition im Ḥiǧāz auszubauen, indem er daran arbeitete, den Posten eines kommissarischen Vizekönigs für seinen ältesten Sohn ᶜAbdallāh (geb. 1921) zu sichern.[260] Der Sohn hatte für diese Bewerbung einen Konkurrenten, seinen Onkel Manṣūr, den neu ernannten Minister für Verteidigung, der auch im Ḥiǧāz residierte. Der ehrgeizige Manṣūr war ungefähr im gleichen Alter wie ᶜAbdallāh, aber als Sohn von Ibn Saᶜūd konnte er erwarten, den Vorzug zu bekommen.

Die Vorstellung, daß der Ḥiǧāz jetzt Teil des größeren Königreiches war, war noch nicht allgemein anerkannt, und Faiṣal kann versucht gewesen sein, dort seine eigene Dynastie zu schaffen. Seine Unterstützung für seinen Sohn bedrohte Saᶜūd und alle anderen Brüder. So schloß sich Saᶜūd mit seinem

Bruder Nāṣir (geb. 1919 - Gouverneur von ar-Riyāḍ bis 1947) hinter Manṣūr gegen das Faiṣal-ᶜAbdallāh-Lager zusammen.[261] Faiṣal mit weniger und schwächeren Verbündeten verlor den Machtkampf.

Muḥammad, der drittälteste überlebende Sohn von Ibn Saᶜūd (geb. 1910), konnte sich nicht entschließen, einem der beiden Lager beizutreten. Er war jetzt aktiv dabei, seine eigenen Thronansprüche zu sichern. Die anderen drei älteren Brüder, Ḫālid, Saᶜd und Fahd, hielten sich von all diesen Kämpfen abseits, obwohl sie Teil der offiziellen Nachfolgelinie blieben, welche sich nach einer Altersrangfolge der acht ältesten Söhne richtete, wie aus dem Hofprotokoll ersichtlich war. Als die Söhne um die Macht kämpften, fuhr Ibn Saᶜūd fort anzudeuten, daß er zugunsten von Saᶜūd abzudanken wolle.[262]

Unterdessen begannen neue Gesichter im Thronfolgekampf aufzutauchen. Als in den frühen vierziger Jahren Saᶜūd und Faiṣal um die unmittelbare Nachfolge rangen, konnten die jüngeren Prinzen als Rivalen für die Thronfolge unter dem neuen König gesehen werden, der Ibn Saᶜūd nachfolgen würde. Als es immer sicherer wurde, daß Saᶜūd tatsächlich seine Chance auf den Thron haben würde, schien die Position eines künftigen Thronerben nicht länger zum Greifen nahe. Sie würde natürlich an Faiṣal fallen. Die jüngeren Prinzen hatten mit weniger zufrieden zu sein, waren aber dennoch wichtige Personen, als die neue Hierarchie in Erwartung von Ibn Saᶜūds Tod Gestalt annahm.

Manṣūr ibn ᶜAbd al-ᶜAzīz tauchte jetzt als Schlüsselfigur auf und überschattete mehrere seiner älteren Brüder. Tatsächlich bedrohte sein kometenhafter Aufstieg am Hof Mitte/Ende der vierziger Jahre sogar eine Zeitlang die langetablierte Priorität von Saᶜūd und Faiṣal. Ein Bericht über Manṣūrs Leben würde mit Ungewißheiten beginnen und enden. Sein exaktes Geburtsdatum kann nicht bestimmt werden, fast wie in dem Fall seines Onkels Muḥammad ibn ᶜAbd ar-Raḥmān, und die Umstände seines Todes in Paris sind ebenso unklar und suggerieren eine Parallele zu seinem Cousin Ḫālid ibn Muḥammad. Ein Geheimnis umgibt seine ehrgeizigen Wünsche auf den Thron, welche eher überraschend waren, da er der Sohn einer Konkubine war und mehrere ältere Brüder hatte, die ängstlich auf ihre Seniorität pochten. Die Quellen plazieren Manṣūrs Geburt unterschiedlich auf 1919, 1920 und 1922 und nennen ihn als vierten, sechsten, siebenten oder elften Sohn.[263] Seine halboffizielle Biographie datiert seine Geburt richtig nach dem 1921 erfolgten Sieg über das Haus der Rašīd, wozu seine Name in Beziehung steht (manṣūr = Sieger).[264] An einem Hof, wo die Reihenfolge der Geburt von großer Bedeutung war, blieb Manṣūrs Stand unklar. Er kann die Verwirrung selbst verursacht haben, um mehr als seinen berechtigten Anteil an der Macht zu erhalten. Anderseits können die Zweifel durch seine Brüder ausgestreut worden sein, die versuchten, Manṣūr einen Dämpfer aufzusetzen. Die Brüder hatten guten Grund, mißtrauisch zu sein, denn Manṣūr fühlte sich zu Recht als bevorzugter Sohn. Seine Mutter war eine Sklavin gewesen, vielleicht armenischer Herkunft, obwohl mehrere Quellen sagen, sie sei Tscherkessin gewesen.[265] Obwohl Ibn

Saud sie niemals formal geheiratet hat, betrachtete er sie als seine Favoritin und weitete seine Zuneigung auf ihren erstgeborenen Sohn aus. Manṣūr war selbstbewußt genug, in seines Vaters Gunst zu stehen, so daß er als einziger Sohn des Königs Befehle ignorieren konnte. Dies ereignete sich bei zwei Gelegenheiten, einmal 1935 und wieder 1949. In beiden Fällen lehnte es Manṣūr ab, bestimmte Personen hinrichten zu lassen, die die königliche Familie durch unabsichtliches Anstoßen an des Königs Limousine im dichten Verkehr "beschimpft" hatten. Er behandelte die Exekutionsbefehle als momentane Ausbrüche und wartete einfach ab, bis sich des Königs Zorn verringert hatte.[266] Manṣūrs Bildung folgte dem traditionellen Weg für einen saudischen Prinzen. Im Alter von sieben Jahren wurde er von einem Hauslehrer unterrichtet, bei welchem er Arabisch und den Koran zu studieren hatte. Dann studierte er im saudischen Institut in Mekka, wo er sich zusätzlich zu religiösen Studien mit den Grundlagen der Mathematik und Geographie befaßte.[267] Er hatte zwar keine älteren Vollbrüder, auf die er zählen konnte, aber die Zuneigung und Unterstützung seines Vaters kompensierte diesen Mangel. Er wurde sehr schnell nach dem Tod seiner Mutter im Jahr 1938 auf hohe Regierungspositionen befördert. Seine Ausbildung schloß den Dienst in offiziellen Regierungsämtern wie auch gelegentliche Treffen mit ausländischen Würdenträgern ein, um komplizierte Angelegenheiten zu diskutieren.

In diesem Falle überging er den offiziellen Außenminister, seinen Bruder Faiṣal. Manṣūrs erste offizielle Ernennung als Inspektor des königlichen Palastes in ar-Riyāḍ erfolgte, als er ungefähr 17 Jahre alt war. Auf seinem steilen Weg nach oben wurde er im März 1944 zum Generalstabschef der saudischen Armee und zum Verteidigungsminister ernannt. Diese Ernennung schreckte seine Bruder Saᶜūd auf, dessen eigene Rolle als stellvertretender Oberbefehlshaber der Armee jeden realen Inhalt verlor. Auch Manṣūrs Exkursionen in die Außenpolitik konnten seinem Bruder Faiṣal kaum willkommen sein. Im Dezember 1942 nahm Manṣūr an einem in ar-Riyāḍ stattfindenden Treffen zwischen König Ibn Saᶜūd und dem britischen Bevollmächtigten in Ǧidda teil. Zwischen Oktober und Dezember 1943 unternahm er mehrere Reisen nach Palästina, angeblich zur medizinischen Behandlung. Hier sollte Manṣūr vermutlich im Auftrag des Königs die Lage in Palästina und Libanon sondieren, um die künftige Politik Saudi-Arabiens in dieser Region festzulegen. Diese Mission war Manṣūrs längster Auslandsaufenthalt. Sie half ihm, sich einen Platz unter den engsten Beratern des Königs zu sichern. Ungeachtet seiner Ernennung zum Verteidigungsminister wurde er in auswärtigen Beziehungen konsultiert. So nahm er als Ratgeber des Königs beim Treffen auf der "Quincy" mit Präsident Roosevelt (15. Februar 1945) und mit Premierminister Churchill zwei Tage später teil. Als Emir Faiṣal im April 1945 Saudi-Arabien verließ, um an der Gründungssitzung der Vereinten Nationen teilzunehmen, wurde Manṣūr amtierender Vizekönig des Ḥiǧāz. Er erhielt den Vorzug vor ᶜAbdallāh al-Faiṣal, dem ältesten Sohn Emir Faiṣals. Es scheint wahrscheinlich, daß Manṣūr noch größere Ambitionen hatte. 1944 berichtete britisches Militärpersonal aus Saudi-Arabien, daß Manṣūr eine Veränderung der offiziell sanktionierten Thronfolge plante, vielleicht sogar zu einem Zeitpunkt, als der König noch lebte. Spezielle, nur ihm ergebene Armeeeinheiten wurden gebildet. Die Verbindungen zwischen den britischen Beratern und dem Verteidigungsministerium unter Manṣūr hätten Großbritannien bei einem erfolgreichen coup d'etat in eine Schlüsselposition gebracht. Bei aller Bevorzugung Manṣūrs konnte König Ibn Saᶜūd solche Wünsche kaum gutheißen. Der alternde König wollte auf jeden Fall eine glatte Thronfolge gemäß dem Senioritätsprinzip sicherstellen. Doch die erwartete Auseinandersetzung mit seinen Brüdern blieb aus. Am 2. Mai 1951 verstarb Manṣūr in einem Pariser Krankenhaus. Es war bekannt, daß Prinz Manṣūr nicht gesund war, aber sein plötzlicher Tod überraschte doch.[268] Auf jeden Fall profitierten die Brüder Saᶜūd und Faiṣal vom Tod des ambitiösen Manṣūr, der aufgrund seiner militärischen Machtmittel eine reale Bedrohung für die existierende Thronfolgeregelung darstellte.

Die unmittelbare Konsequenz dürfte eine weitere Durchdringung der Armee mit Angehörigen der Āl Saᶜūd aus den verschiedenen Familienzweigen gewesen sein, um die Funktionalisierung der Armee für einen einzelnen Prinzen auszuschließen. Der auf innen-, außen- und militärpolitischem Gebiet bewanderte Manṣūr war der einzige Prinz, der fähig gewesen wäre, die beiden ältesten Söhne von König Ibn Saᶜūd zu verdrängen. Mit seinem Tod war die Nachfolge von Saᶜūd und eventuell von Faiṣal eine vollendete Tatsache. Obwohl die unmittelbare Thronfolge in den königlichen Zirkeln gesichert war, setzten Saᶜūd und Faiṣal ihre gegenseitigen Verdächtigungen fort. Neue Rivalitäten konzentrierten sich nun auf die entfernteren Plätze in der Thronfolgeliste und um Macht und Einfluß in Saudi-Arabien. Die nächsten fünf Brüder in der Reihenfolge der Seniorität waren Muḥammad, Ḫālid, Nāṣir, Saᶜd und Fahd. Das Feld wurde noch enger, da Saᶜd keine politischen Ambitionen verspürte, während Prinz Nāṣir durch ein dem religiösen Ansehen der Āl Saᶜūd abträglichen Skandal jede Chance auf die Thronfolge verspielte. 1938 und 1947 war er in Trinkgelage verwickelt, in deren Verlauf es zu mehreren Todesfällen kam, die öffentlich bekannt wurden. Nach dem zweiten Zwischenfall 1947 wurde er von seiner Position als Gouverneur von ar-Riyāḍ abgelöst und eingesperrt.[269] Sein jüngerer Bruder Sulṭān (geb. 1924) übernahm seinen Posten. Diese Verstöße gegen eindeutige religiöse Vorschriften dürften der Hauptgrund für Nāṣirs Ausscheiden aus der Thronfolge gewesen sein. Dagegen waren die Stellung seiner Mutter als Konkubine, seine eher bescheidenen intellektuellen Fähigkeiten und seine notorische Schürzenjägerei eher zweitrangig.

Muḥammad ibn ᶜAbd al-ᶜAzīz

Von den verbleibenden drei älteren Söhnen zeigte nur Muḥammad kaum Anzeichen von Unzufriedenheit mit der Thronreihenfolge. Er war 1910 geboren worden und der dritte in der Linie auf den Thron. Sein Dienst als amtierender Vizekönig im Ḥiǧāz 1932, noch vor ᶜAbdallāh al-Faiṣal und Manṣūr, war eine Bestätigung seiner Rechte auf die Thronfolge. Er war auch Titulargouverneur von Medina, an dessen Einnahme er 1924 beteiligt war. Muḥammads Name war mit Gerüchten über Intrigen gegen Saᶜūd verbunden. Muḥammads Ausbildung war weniger ausgedehnt als die von Saᶜūd oder Faiṣal. Ihm fehlten Erfahrung und die entsprechende Machtbasis innerhalb des saudischen Establishment, um vorzeitige Ambitionen auf den Thron äußern zu können. Sein einziger Vorteil gegenüber Saᶜūd, Faiṣal oder Manṣūr war, daß er einen Vollbruder unter den ältesten Söhnen des Königs hatte: Ḫālid. Ernste gesundheitliche Probleme an der Schwelle zur Macht zwangen ihn 1965, von der Position des Kronprinzen zurückzutreten. Die beiden Übel, die ihm seinen Ruf als Muḥammad Abū Šarrain (etwa: Vater der beiden Übel) einbrachten, waren Sauferei und Gewalttätigkeit. Er starb 1988.[270] Bei den jungen Prinzen, die nach Fahd und Manṣūr geboren waren, stand der Status immer etwas in Frage, da sie jünger als die ältesten Enkel des Königs waren. Der Thron konnte ebensogut an die nächste Generation gehen, bevor sie die Möglichkeit zur Machtübernahme gehabt hätten.[271]

Die Einordnung der Prinzen in Altersgruppen

Die 34 Söhne, die beim Tode von König Ibn Saᶜūd 1953 lebten, wurden von Bligh in fünf Kategorien geteilt:

1. die ältesten Prinzen mit sicheren Ansprüchen auf den Thron: Saᶜūd, Faiṣal, Ḫālid, Fahd und Muḥammad;
2. ältere Prinzen, die entweder freiwillig ihren Anspruch aufgaben oder sich disqualifizierten: Nāṣir, Saᶜd und nach 1965 Muḥammad;
3. Prinzen, die zur gleichen Zeit geboren wurden wie die ersten Enkel von Ibn Saᶜūd: ᶜAbdallāh (1923), Sulṭān (1924) und Bandar (1924). Diese mußten sich mit der nächsten Generation auseinandersetzen, besonders mit ᶜAbdallāh al-Faiṣal (1921) und den Söhnen von Saᶜūd, die in den sechziger Jahren durch die Entmachtung von König Saᶜūd aus dem Rennen schieden. Nach der Thronbesteigung von Fahd 1982 wurden ᶜAbdallāh und Sulṭān als nächste Kandidaten in der Thronlinie bestätigt. Doch gerade ᶜAbdallāh scheint heute in den königlichen Zirkeln umstritten zu sein, weniger wegen seiner immer wieder behaupteten konservativen Einstellung[272], sondern vielmehr aufgrund seiner Herkunft aus dem Šammar-Stamm, dessen antisaudische Einstellung infolge der Niederlage

von 1921, der Behandlung der raschidischen Prinzen nach 1921 und ihrer insgesamt benachteiligten Position innerhalb der tribalen Strukturen Saudi-Arabiens zu Recht angenommen werden kann. Zwar zählt die von ᶜAbdallāh befehligte "Weiße Armee" zu den treuesten Stützen des saudischen Staates, doch nimmt ihr militärischer Wert aufgrund der rasanten Entwicklung der Militärtechnik auch als innerer Machtfaktor schnell ab. Diese Beduinenverbände sind so disloziert, daß sie ein Gegengewicht zur als unsicher eingeschätzten regulären Armee bilden. Im Golfkrieg 1991 haben sie keine Rolle gespielt;

4. junge Prinzen, die später geboren wurden als prominente Mitglieder der Enkelgeneration: der aktivste dieser Söhne Ibn Saᶜūds war Ṭalāl[273], der 1931 geboren wurde;
5. jüngere Prinzen, die ungeachtet ihres Alters von der Nachfolge ausgeschlossen wurden: Mišārī, der zum Mörder wurde; Ṯāmir und mehrere Söhne von negroiden jemenitischen Konkubinen. Von der Thronfolge ausgeschlossen sind heute die Nachkommen der Söhne von ᶜAbd ar-Raḥmān, die Nebenzweige der Familie wie die ᶜArāʾif und die Ǧalawī. Der Nachfolgeprozeß verlief indes nicht so glatt, wie es König Ibn Saᶜūd gewünscht hatte. Verschiedene Veränderungen vollzogen sich und die Söhne Saᶜūds versuchten, ihrem Vater auf den Thron zu folgen. Hinzu kommt noch die omnipräsente Stellung der Sudairī-Sieben.[274]

König Saᶜūd ibn ᶜAbd al-ᶜAzīz

Saᶜūd ibn ᶜAbd al-ᶜAzīz herrschte von 1953 bis 1964. Seine Verschwendungssucht und wenig berechenbare Innen- und Außenpolitik brachten den Staat an den Rand des Abgrundes. 1962 drohte Saᶜūd ibn ᶜAbdallāh ibn Ǧalawī, Gouverneur der Erdölprovinz al-Ḥasā und Mitglied des königlichen Familienzweiges Ibn Ǧalawī, mit der Abspaltung der Provinz al-Ḥasā, falls Saᶜūd nicht entmachtet würde. Bereits vor 1964 von seinem Halbbruder Faiṣal unter Zustimmung der anderen maßgeblichen Prinzen weitgehend entmachtet, mußte Saᶜūd 1964 zugunsten seines jüngeren, flexibleren Halbbruders abdanken. Seine weit über 100 Söhne und Enkel haben heute in Saudi-Arabien keinerlei Einfluß mehr, genießen aber ihre beträchtlichen Dotationen als Enkel von Ibn Saᶜūd. König Faiṣal, seit 1964 auf dem saudischen Thron, wurde am 25. März 1975 von seinem Neffen Faiṣal ibn Musāᶜid erschossen.[275]

Ihm folgte sein Bruder Ḫālid, der 1982 verstarb. Unter seiner Herrschaft kam es am 20. November 1979, dem ersten Tag des 15. Jahrhunderts muslimischer Zeitrechnung, zur Besetzung der Großen Moschee in Mekka. Eine Gruppe islamischer Fundamentalisten hatte sie unter Führung von Ǧuhaimān ibn Saif al-ᶜUtaibī gestürmt und die versammelten Gläubigen gezwungen, Muḥammad ibn ᶜAbdallāh al-Qaḥṭānī zum Mahdi zu proklamieren. Die aus den Stämmen ᶜUtaiba, Dawāsir, Qaḥṭān und Muṭair stammenden ultrawahhabitischen Kräfte bekämpften als Nachkommen der iḫwān-Bewegung die Gottlosigkeit, die Bereicherungssucht und den Pragmatismus des Königshauses. Interessante Aspekte der innerfamiliären Machtsituation der Āl Saᶜūd führt S. K. Aburish an:

> "Die Sudairis und ihre Söhne bekleideten 63 zentrale Regierungsämter. Schließlich traf der innerfamiliäre Staatsstreich der Sudairis - denn nichts anderes war es - auf Hindernisse, die eine vollständige Machtübernahme vereitelten. ... Jetzt stellten sich Prinz Abdallah und Muhammad Twin Evil den Sudairis in den Weg und ließen nicht zu, daß sie den Rest der Familie beiseite schoben, und Abdallah wurde zum nächsten in der Thronfolge bestimmt."[276]

Seit 1982 lenkt König Fahd die Geschicke des Landes. Bei seinem Machtantritt kam es zu gravierenden Machtverschiebungen innerhalb der Saud-Familie. Saᶜūd ibn Fahd, der Sohn des Königs, wurde stellvertretender Chef des Geheimdienstes.[277] Prinz Bandar, Botschafter Saudi-Arabiens in den USA und Sohn des saudischen Verteidigungsministers, wurde ein Favorit von König Fahd.[278] Die Ǧalawī-Familie, die siebzig Jahre lang Ostarabien beherrscht hatte, wurde weitgehend entmachtet. Prinz Fahd ibn Salmān (ein Sohn der Sudairī-Sieben) wurde stellvertretender Emir der Ostprovinz[279], Muḥammad ibn Fahd, der Sohn von König Fahd Gouverneur der Ölprovinz.[280] Ḫālid ibn Sulṭān, der Sohn des Verteidigungsministers, wurde Chef der saudischen Luftwaffe und Kommandeur der saudischen Streitkräfte im Golfkrieg 1991.[281]

> "Nach dem Golfkrieg entstanden Familienstreitigkeiten über Größe und Charakter der Streitkräfte, als General Prinz Khalid bin-Sultan ... erklärte, er wolle die Armee doppelt so groß machen und mit der Nationalgarde verbinden. Es gibt immer noch Gerüchte, daß dies der Grund für Khalids Rücktritt oder Entlassung war... König Fahd blieb der Familienpolitik treu, derzufolge die Armee klein, separiert und schwach bleiben soll."[282]

Vor etwa neunzig Jahren war es, als Ibn Saᶜūd, der Begründer des modernen Saudi-Arabien, mit wenigen Gefährten die Stadtmauer von ar-Riyāḍ überkletterte. Doch welche politische Perspektive hat das Land? Unter den 3000 Prinzen haben ca. 150 offizielle Posten inne, von denen 20 wirkliche Entscheidungsgewalt haben. Im Familienrat, dem die einflußreichsten Prinzen angehören, fallen alle wichtigen Entscheidungen. Die königliche Familie gliedert sich in mehrere Zweige (Āl Ṯunaiyān, Ibn Ǧalawī, Saᶜūd al-Kabīr, ᶜAbdallāh ibn Turkī und die alles beherrschenden Faiṣal ibn Turkī - aus denen sich der ᶜAbd al-ᶜAzīz-Zweig ableitet), die um Macht und Einfluß ringen.

Bezüglich der innenpolitischen Konfliktlage führt S. K. Aburish an, daß das "saudische Volk beginnt, sich offen gegen das Machtmonopol der immer zahlreicher werdenden Mitglieder des Hauses Saud (monatlich werden es 35 bis 40 Männer mehr) zu wehren. Die Anzahl der besser gebildeten Menschen hat drastisch zugenommen und übersteigt die Möglichkeiten des Landes, sie unterzubringen; das bedeutet, daß das Haus Saud nicht mehr in der Lage ist, alle gut ausgebildeten Saudis mit guten Jobs zu bestechen"[283].

Die einzige ernstzunehmende Opposition kam aus den Reihen der regulären Armee - insbesondere der Luftwaffe.[284] Doch die Saudis müssen sich auch einer anderen Opposition erwehren, die wesentlich subtiler ist, denn diese greift die beduinischen, traditionellen Wurzeln des Könighauses an. Wie lange wird sich das politische System[285] aufrechterhalten lassen? Drei oder zehn Jahre? Oder länger?

Entscheidend für die weitere Entwicklung in Saudi-Arabien dürfte sein, inwieweit es den Āl Saᶜūd gelingt, den Ende 20. Jahrhunderts n. Chr. anstehenden und notwendigen Machttransfer an die Enkelgeneration des Staatsgründers zu übertragen. Zur gegenwärtigen Thronfolgesituation führt Aburish aus:

> "Da er (Fahd - U. P.) seine Kinder allen anderen Mitgliedern seiner Familie in drastischer Weise vorzieht, haben sich mehrere Clans innerhalb der Großfamilie herausgebildet... Es gibt ernstzunehmende Hinweise darauf, daß Fahd seinen Sohn Muhammad als seinen Nachfolger sehen möchte. Dies wird in einem der wichtigsten und neuen Artikel in der Satzung des von ihm vorgeschlagenen und Ende 1993 gebildeten Konsultativrates (majlis al-Schura) enthüllt, der dem König das Recht gibt, seinen Kronprinzen zu ernennen - und abzusetzen"[286]

Es wird vermutlich ein Sohn aus dem al-Faiṣal- oder as-Sudairī-Clan sein. Zumindest wird diese Thronnachfolge nicht mehr nach dem alten Prinzip der Seniorität erfolgen können, will man nicht riskieren, daß in zunehmendem Maße eine "Gerontokratie" sich in immer kürzeren Zeitabständen von der Macht ablöst und die saudische Armee irgendwann den Zeitpunkt zum Handeln sieht. Beleg dafür ist das am 1. März 1992 veröffentlichte Dekret zum Grundgesetz[287], welches eine neue Thronfolgeregelung festlegt, welche besagt, daß der Kronprinz nach Ableben des Königs nur so lange herrschen soll, bis der Kron- oder Familienrat, bestehend aus 500 Prinzen, unter ihnen die einflußreichsten Enkel Ibn Saᶜūds, einen neuen Herrscher bestimmt hat.[288] Entscheidende Bedeutung hat neben dem jeweiligen Familien-Backround der Zwang des jeweils Herrschenden, seine Macht zu legitimieren:

> "Die großen Ulema des mittelalterlichen Islam, deren Namen - wie Ibn Taymiyyas (1263-1328), auf den sich die sunnitischen Islamisten übrigens immer wieder berufen - in die Geschichte eingegangen sind, verdanken ihren Ruhm gerade ihrer unnachgiebigen Haltung gegenüber den jeweiligen Machthabern. Im sunnitischen Islam hat man sich aufgrund der Tatsache, daß die meisten Regenten nicht nach ihrer Befähigung (wie der Prophet) ausgewählt wurden, sondern durch einen Gewaltstreich oder ein dynastisches Thronfolgeprinzip an die Macht kamen - das in den heiligen Schriften nirgends erwähnt wird -, schon sehr früh mit dem Problem der Legitimität des Herrschers befaßt. Angesichts dieser Situation hielten es die Ulema für sinnvoll, nicht nach dem Ursprung der Macht, sondern

> nach der Art und Weise ihrer Ausübung zu fragen: Sofern der Herrscher den Islam verteidige, gebe es keinen Grund, einen Jihad gegen ihn vom Zaun zu brechen, der die Gemeinschaft der Gläubigen womöglich in das Chaos eines allgemeinen Aufruhrs hineinziehe. Denn davon profitierten allein die Feinde, ob Christen oder sonstige Andersgläubige, die nur auf eine solche Gelegenheit warteten, um das Land zu überfallen."[289]

Dem Problem der Legitimität[290] der Herrschaft sind auch andere arabische Monarchien ausgesetzt, eine Institutionalisierung und Kodifizierung der Thronfolge dürfte sich indes aber langfristig durchsetzen:

> "Bis 1962, als Mohammed V. (Marokkanischer Sultan, später König - U.P.) sie einführte, gab es die Regel der Primogenitur nicht, ja, abgesehen davon, daß der Sultan aus dem Herrschergeschlecht stammen mußte, überhaupt keinerlei eindeutige Erbfolge."[291]

Die indigenen Prozesse um Thronfolge und Legitimität, die sich in Saudi-Arabien von 1902 bis zur Gegenwart vollzogen, waren natürlich in den internationalen Kontext mit einbezogen. Die britisch-amerikanische Rivalität während des Zweiten Weltkrieges fand auch ihren Ausdruck in Thronfolgerivalitäten: Manṣūr galt als anglophil, Saᶜūd wurden Sympathien für Italien zugeschrieben, während König Ibn Saᶜūd und sein Sohn Faiṣal auf die USA setzten. Inwieweit sich die politischen Stellungnahmen von Prinz Ṭalāl in den Kontext der Thronfolgerivalität einordnen lassen, läßt sich schwer entscheiden. Eine Verankerung der Primogenitur-Thronfolge ist indes in Saudi-Arabien nicht zu erwarten und wäre auch kaum praktikabel. Eine derartige rechtliche Kodifizierung würde zudem an Koran und sunna stoßen und grundlegenden Legitimitätsauffassungen der hanbalitischen Schule widersprechen. Der Aussage von S. K. Aburish ist deshalb nichts hinzuzufügen:

> "Die Ermordung oder der Tod des gegenwärtigen Kronprinzen könnte einen breit ausgetragenen Kampf um die Nachfolge entfachen, der in einen Bürgerkrieg führen könnte."[292]

Mögliche Szenarien bei der Thronfolge nach Fahd

Das königliche Edikt von 1. März 1992 eröffnet eine Reihe von möglichen Szenarien des Thronfolgeprozesses, an dem erstmals auch die Enkelgeneration von Ibn Saᶜūd beteiligt werden soll. Zum ersten Mal erwähnt das Edikt die Möglichkeit des Machttransfers auf die Enkelgeneration von Ibn Saᶜūd. "Gemäß verschiedener Quellen wurde dieses Gesetz von verschiedenen Seniorprinzen mit Konsternation aufgenommen. Kronprinz Abdallah wurde nachgesagt, er sei 'entsetzt' gewesen, daß seine Position als gesetzmäßiger Erbe in höherem Maße von der Laune des Königs Fahd als von seinem Recht als dem Nächsten in der Linie abhängig sei, obwohl er gesund ist und sich selbst als guter Muslim betrachte."[293] Das Problem der Thronfolgeregelung bestehe heute darin, daß die ältesten Söhne Ibn Saᶜūds über 70 Jahre sind und sich in kürzeren Abständen ablösen könnten. Ein Diplomat brachte es gegenüber dem Autor mit folgenden Worten auf den Punkt: "... a parrot will be falling off the perch every two or three years."[294]

Zu Recht muß die Frage gestellt werden, ob das politische System Saudi-Arabiens flexibel genug wäre, um dies auszuhalten. In fünf Szenarien skizziert Henderson mögliche Thronfolgeregelungen: Das erste kalkuliert, daß König Fahd noch mehrere Jahre lebt und selbst bei kritischer Gesundheit mit eingeschränkten Befugnissen bis zu seinem Tod König im Sinne eines repräsentativen Herrschers bleibt. Szenerarium 2 geht von der Annahme aus, daß Kronprinz ᶜAbdallāh vor König Fahd stirbt. "In der Theorie liegt die Wahl bei König Fahd allein, in der Praxis soll sie durch Konsensus erreicht werden."[295]

Fahd favorisiert für diesen Fall seinen Vollbruder Verteidigungsminister Sulṭān, wobei zwei ältere Söhne Ibn Saᶜūds, Musāᶜid (Vater des König Faiṣal-Mörders Faiṣal ibn Musāᶜid) und Bandar, übergangen würden. Dies würde einen noch festeren Griff der Sudairī-Sieben und ihrer Söhne auf zentrale Machtpositionen bedeuten, was viele andere Söhne Ibn Saᶜūds zu verhindern versucht sein könnten. Um dann einer internen Krise vorzubeugen, müßten wohl die Sudairī-Sieben einen ihrer mächtigen Regierungsposten, das Verteidigungs- oder Innenministerium, abgeben.

Szenarium 3 geht davon aus, daß ᶜAbdallāh König wird und diese Position, da er keine Vollbrüder hat, gegen den verbliebenen und auf den Top-Positionen omnipotenten Sudairī-Clan verteidigen muß. Um dieses Übergewicht auszugleichen, sucht ᶜAbdallāh Verbündete, unter anderem unter König Faiṣals und König Saᶜūds Söhnen[296] sowie seinen Halbbrüdern nichtsudairischer Herkunft. Ein König ᶜAbdallāh hätte es zumindest schwer, seine Politik durchzusetzen. Szenarium 4 beschreibt die Möglichkeit, daß ein jüngerer Sohn Ibn Saᶜūds, z. B. Prinz Salmān (Gouverneur der Provinz ar-Riyāḍ) oder Prinz Miqrīn (Gouverneur von Ḥāʾil), König werden könnte, was allerdings das Einverständnis der älteren Brüder voraussetzen würde. Diese Annahme ist eher unwahrscheinlich. Szenarium 5 beschreibt den möglichen Machttransfer an die Enkelgeneration, in der die Āl Faiṣal aufgrund ihrer administrativen Erfahrungen und ihres guten Leumunds und die Söhne von König Fahd die größten Chancen auf die höchste Position im Staat hätten. Unter Fahds Söhnen ragt Muḥammad hervor, der seit 1985 Gouverneur der Ostprovinz ist. Ḫālid ibn Sulṭān, Sohn des Verteidigungsministers und Kommandeur der saudischen Luftverteidigungskräfte während des Golfkrieges, manövrierte sich selbst durch seine überzogenen Ansprüche auf Ämter ins Abseits, wohl aber auch durch seine Forderung nach einer großen, schlagkräftigen Armee.[297] Ebenso denkbar wäre, daß die Öffnung des informellen "Kronrates" zur Enkelgeneration beabsichtigt, die Herrschaft der Sudairī-Sieben noch fester zu verankern, ergibt doch eine rein numerische Aufzählung der Enkel von Söhnen von Sudairī-

Frauen Ibn Saᶜūds schon eine Zahl von 54[298], deren Großmütter Sudairī waren. Grob geschätzt kann gesagt werden, daß die Sudairī-Deszendenten mütterlicherseits sicher ein Drittel aller "Wahlberechtigten" sein werden. Zieht man die Ausübung administrativer Ämter in Betracht, die natürlich das Stimmgewicht erhöhen, so wird die Omnipotenz der Sudairī-gestützten Prinzen deutlich.

Anmerkungen

1 A. Bligh, From Prince to King. Royal Succession in the House of Saud in the Twentieth Century, London-New York 1984.

2 D. Wagner, Saudi-Arabien als Zentrum der arabischen Reaktion und Verbündeter des Imperialismus in der Klassenauseinandersetzung im Nahen und Mittleren Osten 1970-1975. Diss., Leipzig 1978, S. 44; The Arab World, 17.5.1975, S. 5.

3 Vgl. S. Henderson, After King Fahd. Succession in Saudi Arabia, Washington 1995, S. xiv.

4 Zu diesen Positionen gehören: Fahd ibn Saᶜūd ibn ᶜAbd al-ᶜAzīz (Verteidigungsminister unter Saᶜūd); Ḫālid ibn Saᶜūd (Oberhaupt des königlichen Diwan unter Saᶜūd); Manṣūr ibn Saᶜūd (Kommandeur der königlichen Garde unter Saᶜūd); Muhammad ibn Saᶜūd (nach seinem Bruder Fahd Verteidigungsminister unter Saᶜūd). Diese Aufzählung genügt, um zu zeigen, daß Saᶜūds Söhne militärische Schlüsselpositionen innehatten.

5 Vgl. M.J. Crawford, Civil War, Foreign Intervention and the Question of Political Legitimity: A nineteenth Century Saudi Qadis Dilemma. In: International Journal of Middle Eastern Studies, London 14 (1982), S. 227-248.

6 J. Kostiner, The Making of Saudi Arabia 1916-1936. From Chieftaincy to Monarchical State, New York-Oxford 1993, S. 5.

7 Madawi al-Rasheed, Politics in an Arabian Oasis: the Rashidi tribal Dynasty, London 1991, S. 184.

8 Vgl. u.a. S. Altorki, Milk-Kinship in Arab Society: An Unexplored Problem in the Ethnography of Marriage. In: Ethnography 19 (1980), S. 233-244.

9 Eine solche Milchbruderschaft existierte vermutlich auch in der Saᶜūd-Dynastie. Ein Bild aus dem Jahr 1939 zeigt z. B. Emir Ṭalāl mit einem Diener Hand in Hand. Wäre der neben dem damals siebenjährigen Ṭalāl abgebildete Knabe wirklich nur ein Diener gewesen, wäre dieses Foto auf die angegebene Art nicht entstanden. Vgl. Ṣuwar min al-māḍī: al-Mamlaka al-ᶜArabīya as-Saᶜūdīya, London 1989, S. 28.

10 Vgl. hierzu u. a. M. Ayoub, Parallel Cousin Marriage and Endogamy: A Study in Sociometry. In: Southwestern Journal of Anthropology, Albuquerque 15 (1959), S. 266-275.

11 al-Rasheed, Politics in an Arabian Oasis..., a.a.O., S. 184ff.

12 Vgl. ebenda, S. 183ff.

13 Vgl. ebenda, S. 187.

14 Zu theoretischen Überlegungen der Verwandtschaftsethnologie vgl. G. Pfeffer, Zur Verwandtschaftsethnologie. In: Zeitschrift für Ethnologie 117 (1992), S. 41-54.

15 Vgl. al-Rasheed, Politics in an Arabian Oasis..., a.a.O., S. 192.

16 Der Begriff ibn ᶜamm und bint ᶜamm kann auch im klassifikatorischen Sinne verwendet werden, was erlaubt, eine Person in eine große Anzahl von entfernten väterlichen Verwandten einzuschließen, um eine enge Verwandtschaftsbeziehung mit ihm zu dokumentieren, falls eine tatsächliche Verwandtschafts- oder genealogische Beziehung nicht existierte. Z. B. können die männlichen Mitglieder des gleichen faḫd (maximal lineage) einander als ibn ᶜamm zugeordnet werden, einfach aus der Überlegung heraus, daß die verschiedenen buyūt (Großfamilien) der faḫd sich genealogisch auf einem höheren Niveau der Segmentierung treffen, d. h. auf dem Niveau der ᶜašīra (Stammessektion) und des qabīla (Stamm). Vgl. al-Rasheed, Politics in an Arabian Oasis..., a.a.O., S. 184.

17 Zit. in: al-Rasheed, Politics in an Arabian Oasis..., a.a.O., S. 193.

18 Eine Liste der raschidischen Emire verdeutlicht das Problem: 1. ᶜAbdallāh ibn Rašīd (1836-1848) - starb eines natürlichen Todes; 2. Ṭalāl ibn ᶜAbdallāh (1848-1868) - starb nach einem Unfall; 3. Mitᶜab ibn ᶜAbdallāh (1868/1869) - ermordet von seinem Neffen Bandar; 4. Bandar ibn Ṭalāl (1869) - ermordet von seinem Onkel Muḥammad; 5. Muḥammad ibn ᶜAbdallāh (1869-1897) - starb eines natürlichen Todes; 6. ᶜAbd al-ᶜAzīz ibn Mitᶜab (1897-1906) - in einer Schlacht mit Ibn Saᶜūd gefallen; 7. Mitᶜab ibn ᶜAbd al-ᶜAzīz (1906/07) - ermordet von seinem Cousin Sulṭān ibn Ḥamūd; 8. Sulṭān ibn Ḥamūd (1907-8) - ermordet von seinem Bruder Saᶜūd; 9. Saᶜūd ibn Ḥamūd (1908-1910) - ermordet von seinen Cousins der mütterlichen Linie; 10. Saᶜūd ibn ᶜAbd al-ᶜAzīz (1910-1920) - ermordet von seinem Cousin ᶜAbdallāh ibn Ṭalāl; 11. ᶜAbdallāh ibn Mitᶜab (1920/21) - ergab sich Ibn Saᶜūd; 12. Muḥammad ibn Ṭalāl (1921) - ergab sich Ibn Saᶜūd. Vgl. al-Rasheed, Politics in an Arabian Oasis..., a.a.O., S. 56.

19 Ebenda, S. 194.

20 W.G. Palgrave, Reisen in Arabien. Bd. 2, Leipzig 1868, S. 255.

21 Vgl. ebenda, S. 255f.

21 Vgl. H.St.J.B. Philby, Saᶜudi Arabia, London 1955, S. 258.

23 Eigentlich ist Ǧudda oder Ǧadda (Großmutter) korrekt, ein Name, der an die Urmutter des Menschengeschlechts, Eva (arab.: Hauwa) erinnert. Vom uralten Grab der Eva blieb nur noch ein Torbogen stehen. Das 110 Meter lange Grab wurde 1926 auf Befehl Ibn Saᶜūds zerstört, d. h. die Kuppelbauten über dem Grab wurden abgetragen. Ob der Stadtname wirklich auf Eva zurückzuführen ist oder die Neugründung des Hafens im 7. Jahrhundert (Ǧidda - Neuheit, Neusein) reflektiert, ist selbst unter den Einwohnern Ǧiddas umstritten.

24 Vgl. ᶜAbdallāh al-ᶜAlī al-Manṣūr az-Zāmil, Aṣdaq al-bunūd fī tārīḫ ᶜAbd al-ᶜAzīz Āl Saᶜūd, Beirut 1972, S. 468.

25 Foreign Service Bericht Nr. 59, Bishop an Department of State, Dhahran, 3. Januar 1952. In: Ibrahim al-Rashid (Hg.), Documents on the history of Saudi Arabia. Vol. VIII: The struggle between the two princes. The Kingdom of Saudi Arabia in the finals days of Ibn Saud, Salisbury N.C. , S. 59.

26 Es soll hier auf einen interessanten Hintergrund der Rivalitäten zwischen Ibn Saᶜūd und seinem etwa gleichaltrigen Halbbruder Muḥammad hingewiesen werden: Ibn Saᶜūd heiratete Hazza' bint Aḥmad as-Sudairī zweimal, zum ersten Mal 1913, als sie ungefähr 14 war, und 1920, nachdem sie von Ibn Saᶜūds Bruder Muḥammad geschieden worden war, mit dem sie in der Zwischenzeit verheiratet war. Sie gebar Ibn Saᶜūd sieben Töchter. Ihr letztes Kind wurde in den vierziger Jahren geboren. Nach Darstellung einiger Autoren soll die 1920 erfolgte Scheidung auf Druck Ibn Saᶜūds zustande gekommen sein. Vgl. L. McLoughlin, Ibn Saud. Founder of a Kingdom, Chippenham 1995, S. 71.

27 Vgl. u.a. M. Field, Regional Development in Saudi Arabia, London 1983, S. 53. Field gibt sechs Söhne und sieben Enkel als Gouverneure oder stellvertretende Gouverneure an. Nach meiner Erkenntnis amtiert gegenwärtig in der Provinz Ǧaizān ein Sudairī, in Naǧrān Fahd ibn Ḫālid as-Sudairī, in al-Ǧauf Sulṭān ibn ʿAbd ar-Raḥmān ar-Sudairī und vielleicht auch ein Sudairī in den Quraiyāt al-Milḥ (bei Kāf).

28 Vgl. B. Lees, A Handbook of the Al Saʿud - Ruling Family of Saudi Arabia, London 1980, S. 51, Tab. 24.

29 Vgl. B. Lees, The Al Saʿud..., a.a.O., S. 34, Tab. 1. Der viertälteste Sohn Muhammads, ʿAbdallāh (Gouverneur der zentralarabischen Landschaft al-Qaṣīm) entstammt einer Verbindung seines Vaters mit Haiʾa bint Saʿd ibn ʿAbd ar-Raḥmān, also einer typischen bint ʿamm-Ehe. Vgl. ebenda, S. 50, Tab. 23.

30 Saʿd (1920), Musāʿid (1923), ʿAbd al-Muḥsin (1925), Fahd (1921), Sulṭān (1924), ʿAbd ar-Raḥmān (1931) Nāyif (1933), Turkī (1934), Salmān (1936) und Aḥmad (1940), Badr (1933), ʿAbd Ilāh (1935) und ʿAbd al-Māǧid (1940). Vgl. G. Heck/M. Wöbcke, Arabische Halbinsel. Saudi-Arabien und Golfstaaten, Köln 1990, S. 41.

31 Vgl. hierzu Lees, The Al Saʿud..., a.a.O., S. 41, Tab. 8, sowie Heck/Wöbcke, Arabische Halbinsel..., a.a.O., S. 41; Bligh, From Prince to..., a.a.O., S. 112, gibt an, daß Ǧauhara eine Tochter von Fahd ibn Ǧalawī, dem dritten Sohn von Ǧalawī ibn Turkī ist. Somit haben Muḥammad und Ḫālid sowohl von väterlicher als auch von mütterlicher Seite Sudairī-Blut.

32 König Ḫālid stützte sich während seiner Herrschaft (1975-1982) vor allem auf den Ǧalawī-Zweig, also seine matrilateralen Verwandten (konkret die Familie des Vaters seiner Mutter), während die Sudairī-Verwandtschaft über die Großmutter keine besondere Rolle spielte, unter Umständen die Wahl Ḫālids zum Kronprinzen durch den Sudairī-Clan erleichterte.

33 Vgl. Lees, The Al Saʿud..., a.a.O., S. 35, Tab. 3ff.

34 Vgl. ebenda, S. 34, Tab. 1.

35 Diese Frau ist leicht mit der Mutter der Sudairī-Sieben zu verwechseln, die den gleichen Namen trägt.

36 Vgl. Lees, The Al Saʾud..., a.a.O., S. 34, Tab. 1. Bligh gibt für Faisal ibn ʿAbd ar-Raḥmān das Todesjahr 1890 an. Vgl. Bligh, a.a.O., S. 107 (Appendix C: Descendants of Turki b. Abd Allah).

37 Vgl. Wagner, Saudi-Arabien als Zentrum..., a.a.O., S. 45.

38 Vgl. Önder, Saudi-Arabien..., a.a.O., S. 16.

39 Ein Indiz in diese Richtung ist die Tatsache, daß zwei Söhne von Kronprinz ʿAbdallāh in der "Weißen Armee", der Nationalgarde, Dienst tun (Mitʿab und Turkī ibn ʿAbdallāh). Diesem Bemühen ʿAbdallāhs wird jedoch vom Sudairī- und Faiṣal-Clan entgegengewirkt. Dazu gehört, daß Badr ibn ʿAbd al-ʿAzīz (geb. 1933), ein Sohn von Haiʾa bint Saʿd as-Sudairī, als stellvertretender Kommandeur der Nationalgarde lanciert wurde. Vgl. Lees, The Al Saʿud..., a.a.O., S. 36, Tab. 4, und S. 57.

40 Vgl. ebenda, S. 36ff.

41 B. Tibi, Zum Verhältnis von Politik, Religion und Staat..., S. 163.

42 Vgl. hierzu T.W. Arnold, The Caliphate, London 1965.

43 Vgl. S.H.M. Jafri, The Origins and Early Development of Shiʿa Islam, London-New York 1979, S. 289ff. Kalifat und Imamat sind nicht notwendigerweise ein Gegensatz. Der Kalif ʿAlī (656-661 n. Chr.) war Imam und Kalif und auch die abbasidischen Kalifen hatten beide Ämter inne.

44 "Muḥammad fand in Medina beim ausitischen Clan der Banū ʿAdī b. an-Naǧǧār Unterschlupf... Mütterlicherseits war Muḥammad mit dem genannten Clan verwandt; in seiner Kindheit soll er - er verlor früh seinen Vater - dort eine Zeitlang zu Besuch

geweilt haben." T. Nagel, Geschichte der islamischen Theologie. Von Mohammed bis zur Gegenwart, München 1994, S. 20f.

45 Vgl. Köhler, Lässt islamisches Denken Demokratie zu?, a.a.O., S. 1-11.

46 Thronfolge (succession) meint nach europäischem Verständnis in der Regel Thronerbfolge, d. h. den Eintritt des Regierungsnachfolgers bzw. Thronfolgers in die Staatsgewalt des bisherigen Monarchen. Im europäischen Recht begründet sich Thronfolge auf Verwandtschaft oder auf einen anderen Titel (z. B. Erbverbrüderung), wobei man noch zwischen ordentlicher und außerordentlicher Thronfolge unterscheidet. Das Recht zur ordentlichen Thronfolge ist durch leibliche und eheliche Abstammung vom ersten Erwerber der Krone aus ebenbürtiger Ehe begründet. In den europäischen Monarchien wurde die Thronfolge nach Hausgesetzen geregelt. In den meisten Hausgesetzen erfordert die Thronfolge männliches Geschlecht des Thronfolgers und die Abstammung desselben vom ersten Erwerber durch eine agnatische Deszendentenfolge. Kognatische Thronfolge war in den meisten Hausgesetzen ausgeschlossen, was auf dem sog. Salischen Gesetz basiert. In anderen Hausgesetzen war die kognatische oder weibliche Thronfolge nur für den Fall des Aussterbens der agnatischen Linie vorgesehen (Niederlande, Österreich, Bayern, Sachsen, Württemberg). In England und Spanien gab es eine mit der agnatischen vermischte kognative Thronfolge (Successio promiscua), welche den Söhnen des Monarchen und deren männlichen Nachkommen vor den Töchtern den Vorzug gab, während wiederum die Töchter des Monarchen und deren Nachkommen die Brüder des Monarchen und dessen sonstige Agnaten in den Seitenlinien von der Thronfolge ausschlossen. Die Thronfolgeordnung bestimmte, daß die Krone dem erstgeborenen Sohn, und falls dieser zu Lebzeiten des Monarchen verstarb, dessen erstgeborenem Sohn zufällt (Lineal-Primogeniturordnung). Vgl. Meyers Konversationslexikon. Bd. 16, Leipzig-Wien 1897, S. 851; H. Schulze, Das Recht der Erstgeburt in den deutschen Fürstenhäusern, Leipzig 1851; ders., Die Hausgesetze der regierenden deutschen Fürstenhäuser, 3 Bde., Jena 1862-1883; K. Heffter, Die Sonderrechte der souveränen und der mediatisierten, vormals reichsständigen Häuser Deutschlands, Berlin 1871.

47 C. Geertz, Religiöse Entwicklungen im Islam. Beobachtet in Marokko und Indonesien, Frankfurt/M. 1991, S. 115.

48 Vgl. ebenda.

49 Man denke nur an die Abbasiden, Fatimiden, Alawiten, Haschimiten, Husainiden, Hasaniden, Zaiditen und viele kleinere schiitische Gruppierungen.

50 Die gemäßigte schiitische Gruppierung der zaidīya stellt folgende grundsätzliche Anforderungen an den Imam: Zugehörigkeit zur ahl al-bait ohne Unterschied zwischen Ḥasaniden und Ḥusainiden, d. h. Abstammung von der Familie des Propheten; selbständigen Auftreten mit dem Schwert, also Volljährigkeit, so daß weder Kinder noch ein Mahdī für die Thronfolge in Frage kommen. Hinzu kommt das nötige Wissen zu Koran und schiitisch geprägten ḥadīṯ-Sammlungen. Vgl. Enzyklopaedie des Islam, Bd. 4, Leiden-Leipzig 1936, S. 1170.

51 Geertz, Religiöse Entwicklungen..., a.a.O., S. 115.

52 Die Rabīʿa und der Unterstamm der Banū Wāʾil gehören zwar zu den ältesten nordarabischen Stämmen, waren aber engagierte Gegner des Propheten Muḥammad. Vgl. M. von Oppenheim, Vom Mittelmeer zum Persischen Golf. Bd. 2, Berlin 1900, S. 54.

53 Vgl. auch R. Hartmann, Die Wahhabiten. In: Zeitschrift der Deutschen Morgenländischen Gesellschaft, Halle 78 (1924), S. 176-213.

54 Um 1820 wurde die Lehre der wahhābīya durch einen Sayyīd Aḥmad, der sie auf der Pilgerfahrt nach Mekka kennengelernt hatte, in Indien verbreitet. Der Hauptsitz des indischen Zweiges der wahhābīya war Patna, von wo aus Missionare nach Nord- und Zentralindien geschickt wurden. Im Gefolge dieser Missionierungsversuche wurde

Sayyīd Aḥmad erschlagen. Ihre Bedeutung war seitdem minimal. Vgl. Meyers Großes Konversationslexikon. Bd. 20, Leipzig-Wien 1908, S. 306; vgl. auch Ibrāhīm Ǧumʿa, al-Aṭlas at-tārīḫī li'd-daula as-saʿūdīya, Kairo-Beirut 1978/79 (1398/99), S. 61. Das auf dieser Karte aufgezeigte Verbreitungsgebiet der wahhābīya umfaßt Algerien, Pandschab, Kaschmir, Sumatra, die Barqā' (Libyen) und das Stammesgebiet der Hausa (Westafrika). Der Einfluß der revivalistischen wahhābīya im konkret politischen Sinne dürfte indes nur sehr temporär und peripher gewesen sein. Doch - so W. Ende - neigen die Wahhabiten dazu, islamische Bewegungen, die der wahhābīya ähnlich sind, zu vereinnahmen wie z. B. den ganzen salafīya-Begriff.

55 J.L. Burckhardt, Bemerkungen über die Beduinen und Wahaby, Weimar 1831, S. 409.

56 Ein saudischer Oppositioneller behauptete Anfang der achtziger Jahre, der Begründer der Dynastie Muḥammad ibn Saʿūd sei ein Enkel des jüdischen Getreidehändlers Murdechair Abraham ibn Moshe aus Baṣra; der Begründer der wahhabitischen Erneuerungsbewegung, Muḥammad ibn ʿAbd al-Wahhāb, solle von dem jüdischen Melonenhändler Sulaimān Qarqūsī aus Burṣa in der Türkei abstammen. Den Beweis, so Nāṣir as-Saʿīd, habe angeblich der von den Saʿūdis vergiftete Volksdichter Ḥumaidān aš-Šuwaiʿir (an-Naǧdī) geführt - gefährliche Anschuldigungen in einer Region, in der die Genealogie, die Abstammung von den edlen Arabern, eine so große Rolle spielt. Der Autor Naṣīr as-Saʿīd, dessen Buch Anfang der achtziger Jahre auf dem Höhepunkt einer von Libyen inspirierten antisaudischen Kampagne erschien, hat das Erscheinen seines Buches auch nicht lange überlebt. Vgl. Nāṣir as-Saʿīd, Tārīḫ Āl Saʿūd, o. O., o. J.

57 Unter Gottesstaat oder Theokratie versteht man einen Staat, der "im Bewußtsein eines göttlichen Auftrags die religiöse Zwecksetzung vollständig und unmittelbar zu der seinigen macht". Tübinger Zeitschrift für Kirchenrecht 1863, S. 236.

58 R. Schulze, Islam und Herrschaft. Zur politischen Instrumentalisierung einer Religion. In: M. Lüders (Hg.), Der Islam im Aufbruch? Perspektiven der arabischen Welt, München 1992, S. 121f.

59 H.St.J.B. Philby, Das geheimnisvolle Arabien. Bd. 1, Leipzig 1925, S. 107.

60 Vgl. al-Rasheed, Politics in an Arabian Oasis..., a.a.O., S. 90.

61 Die Dynastie der Sauds geht auf den 1725 verstorbenen Saʿūd zurück, den Emir des 15 km nördlich ar-Riyāḍs im Wādī Ḥanīfa gelegenen Siedlung Darʿīya. Saʿūds Vorfahren sollen 1446 aus einer gleichnamigen Ortschaft nahe der Stadt Qaṭīf (al-Ḥasā) in den ʿArīd gekommen sein. Ein Fürst der Rabīʿa in der Gegend des späteren ar-Riyāḍ soll den eingewanderten Stammesverwandten zwei Weiler geschenkt oder zu Lehen gegeben haben. Die Āl Saʿūd leiten ihre Genealogie nach dem mekkanischen Amtsblatt Umm al-Qurā von den Rabīʿa ab, so daß nach von Oppenheim die Āl Saʿūd keine ʿAnaza sind. Ihr Name wurde mit Ḏuhl ibn Šaibān von den Bakr ibn Wā'il angegeben (vgl. ebenda, 15. Juni 1928, Nr. 182). Dieser Darstellung steht die seit Burckhardt und von den ʿAnaza vertretene Ansicht entgegen, daß die Āl Saʿūd von den Misālīḫ abstammen. Vgl. von Oppenheim, Die Beduinen. Bd. 1, Leipzig 1939, S. 111.

62 Vgl. Bligh, From Prince to..., a.a.O., S. 105.

63 Zu Einzelheiten dieser Allianz vergleiche A. Assa, Miracle dans les sables, Paris 1969, S. 14.

64 Zur Geschichte der wahhābīya in Wašm vgl. M. Cook, The Expansion of the First Saudi State: The Case of Washm. In: C.E. Bosworth/Charles Issawi/Roger Savory/A.L. Udovitch (Hg.), The Islamic World. From Classical to Modern Times (Essays in Honor of Bernard Lewis), Princeton 1991.

65 Vgl. Assa, Miracle dans les sables, a.a.O., S. 14ff.

66 Die muwaḥḥidūn oder ahl at-tauḥīd - Bekenner der Einheit Gottes - sind Unitarier. Der Begriff Wahhabiten wurde von den Gegnern der Erneuerungsbewegung verwandt, um diese als Sekte abzustempeln. Die ersten Anhänger ᶜAbd al-Wahhābs nannten ihre Bewegung "den Aufruf des Naǧd" (ad-daᶜwa an-naǧdīya), die "Religion der Einheit" (dīn at-Tauḥīd) oder auch den "Aufruf des Muḥammad" (ad-daᶜwa al-muḥammadīya), wobei sich das Adjektiv auf Muḥammad ibn ᶜAbd al-Wahhāb bezieht. Vgl. R.B. Winder, Saudi Arabia in the Nineteenth Century, New York 1965, S. 1f. (Anm. 1).

67 Vgl. G. Weiss, Das Reich Ibn Sauds. Diss., Heidelberg 1944, S. 19.

68 Vgl. Encyklopaedie des Islam. Bd. 4, a.a.O., S. 1176.

69 Gemäß Muḥammed Ismāʾīl, einem indischen Anhänger des Wahhabismus, gab es zwei fundamentale Grundlagen der Religion: Gott anzuerkennen und seinen Propheten anzuerkennen. Zwei Irrtümer, die vermieden werden müssen, sind Vielgötterei und Erneuerung. Es gibt drei Stufen zur Erkenntnis: Kenntnis von Gott, Kenntnis seines Propheten und Kenntnis von der Religion des Islam. Ismāʾīl nennt vier Arten von Polytheismus oder širk:
(a) širk al-ᶜilm ist die Zuerkennung von Wissen zu anderen als Gott. Kein Prophet, heiliger Mann noch Heiliger hat irgendeine Kenntnis anders als sie ihm Gott offenbart. Wenn jemand sagt, daß Muḥammad die Macht des Wahrsagens hat, ist er Polytheist.
(b) širk at-taṣarruf bedeutet anzunehmen, daß irgend jemand außer oder mit Gott Macht hat. Deshalb verübt derjenige, der bei einer anderen Person um Vermittlung bei Gott sucht, širk.
(c) širk al-ᶜibādāt: Anbetung von Schreinen von Heiligen, das Spenden von Geld im Namen eines Individuums, das Küssen von irgend einem Teil eines Schreines, das Reiben des Mundes gegen irgendeinen Teil eines Schreines ist širk (dazu müßte streng genommen auch das Küssen des schwarzen Steines in der Kaaba gehören - U. P.).
(d) širk al-ᶜadat: es ist širk, im Namen des Propheten oder ᶜAlīs oder irgendeines anderen Mannes zu schwören.
Vgl. W.F. Smalley, The Wahabis and Ibn Saud. In: The Moslem World, New York 22 (1932) 3, S. 238.

70 Beerdigungen von Wahhabiten verlaufen außerordentlich schlicht: "Hierzulande werden die Gräber bei Männern 120 bis 150 Zentimeter tief, bei Frauen 30 Zentimeter tiefer gegraben... Nachdem das Grab die erforderliche Tiefe erhalten hat, wird der Boden in der Mitte noch weiter ausgehöhlt...; in diese Rinne wird der Leichnam hinabgesenkt und auf die Seite gelegt, das Haupt nach Norden, das Antlitz der Qibla zugewandt. Leichen beider Geschlechter werden durchweg weiß gekleidet, mit Kopftuch oder Qatra, Hemd oder Thaub und Beinkleidern oder Sirwahl; alles wird so vernäht, daß alle Teile des Körpers - Hände, Füße und Antlitz - dem Blick verhüllt sind... Ist die Leiche in die richtige Lage gebracht und von einer über die Vertiefung gelegten Schicht Lehmziegel bedeckt, so wird das Grab zugefüllt und die Erde eingedrückt und mit Wasser bespritzt, so daß der Grabhügel nur einige Zentimeter über den Boden ragt. In diesem Stadium wird zwischen den Geschlechtern ein weiterer Unterschied gemacht; Männergräber werden an den Enden mit Kopf- und Fußsteinen bezeichnet, während solche von Frauen durch einen weitern Stein in der Mitte zwischen beiden unterschieden werden." Philby, Das geheimnisvolles Arabien. Bd. 2, a.a.O., S. 49.

71 Burckhardt, Bemerkungen über die Beduinen..., a.a.O., S. 410f.

72 H. Blume, Saudiarabien, Tübingen 1976, S. 126.

73 ᶜAbdallāhs Söhne Saᶜd, Nāṣir und Muḥammad spielten in den Nachfolgekämpfen nach der Eroberung Darᶜīyas keine Rolle. Sie wurden 1818 nach Ägypten deportiert. Vgl. ebenda.

74 Seniorität stellt ein Erbfolgeprinzip (lat. Seniorat), eine Successionsordnung nach europäischer Auffassung dar, nach welcher Güter oder die Nachfolge im Staat stets auf den Familienältesten ohne Rücksicht auf Linien- und Gradesnähe, sondern lediglich aufgrund des Lebensalters übergehen, und unterscheidet sich deshalb vom Majorat (vom span. majorazgo, lat. Primogenium), für das die Erstgeburtsfolge gilt. Diese Majorate sind in der deutschen Rechtsgeschichte als Familienfideikommisse bekannt.

75 Ein Beispiel hierfür lieferte der Ruwalā-Stamm der ᶜAnaza: "Der Mangel einer festen Erbfolge tritt im Hause Šaᶜlān deutlich in Erscheinung: auf Faiṣal folgte zwar sein Sohn Ṭalāl, dann aber sein Bruder Hazzāᶜ und schließlich sein Neffe Soṭṭām, dessen Vater vor Faiṣal regierte. Vgl. M. von Oppenheim, Die Beduinen. Bd. 1, Leipzig 1939, S. 103.

76 Neben ᶜAbdallāh, der von 1814 bis 1818 herrschte und in Istanbul hingerichtet wurde, hatte Saᶜūd folgende Söhne: Faiṣal (fiel 1818 bei der Belagerung von Darᶜīya); Nāṣir (starb bei einem Raubzug gegen Maskat); Hadlūl; Saᶜd, Ḫālid, Fahd und Ḥasan wurden 1818 nach Ägypten deportiert; ᶜAbd ar-Raḥmān, ᶜUmar, Ibrāhīm, Mišārī, Turkī. Vgl. Enzyklopaedie des Islam. Bd. 2, Leiden Leipzig 1927, S. 443.

77 Saᶜūd hatte noch zwei Vollbrüder, ᶜAbd ar-Raḥmān und ᶜAbdallāh. Ihre Mutter war eine Tochter von ᶜAbd al-Wahhāb. Vgl. Burckhardt, Bemerkungen ..., a.a.O., S. 399. Zumindest für die erste Zeit der wahhābīya kann man annehmen, daß die Abstammung von Al Šaiḫ-Familie eine wichtige Voraussetzung für die Thronnachfolge war.

78 Vgl. u. a. auch Henderson, After King Fahd..., a.a.O., S. 4.

79 Vgl. Blume, Saudiarabien, a.a.O., S. 128.

80 Turkī ibn ᶜAbdallāh, ein Neffe von ᶜAbd al-ᶜAzīz, versuchte nach der Eroberung Darᶜīyas von der Wüstenstadt Ḍurama aus, die saudische Herrschaft erneut aufzurichten. Im Frühsommer 1834 jedoch wurde Turkī von Parteigängern des inzwischen aus Ägypten zurückgekehrten Mišārī ibn Saᶜūd beim Verlassen der Moschee von ar-Riyāḍ ermordet. Vgl. Blume, Saudiarabien, a.a.O., S. 128f.

81 Ḫālid ibn Saᶜūd war in ar-Riyāḍ als türkischer Vasall eingesetzt worden. Im Süden des saudischen Herrschaftsgebiets erhob sich Ḫālids Vetter ᶜAbdallah ibn Ṯunaiyān gegen ihn, bis es 1843 Faiṣal ibn Turkī gelangt, in ar-Riyāḍ die Macht zu ergreifen. Vgl. Blume, Saudiarabien, a.a.O., S. 130.

82 Aḥmad ibn Ṯunaiyān, ein Sohn ᶜAbdallāh ibn Ṯunaiyāns, ging 1842 nach Istanbul, wo seine vier Söhne geboren wurden. Ein Aḥmad ibn Ṯunaiyān spielte ab 1913/1914 am Hofe Ibn Saᶜūds eine bedeutende Rolle. Vgl. Philby, Das geheimnisvolle Arabien. Bd. 1., a.a.O., S. 100f.

83 Bei R.B. Winder, Saudi Arabia in the nineteenth century, London 1965, S. 157, wird Saᶜūd als dritter Sohn bezeichnet.

84 Philby, Das geheimnisvolle Arabien. Bd. 1, a.a.O., S. 108.

85 Vgl. A. Musil, Zur Zeitgeschichte Arabiens, Leipzig 1918, S. 60.

86 Vgl. zu Patronageverhältnissen P. Heine, Ethnologie des Nahen und Mittleren Ostens. Eine Einführung, Berlin 1989, S. 122-128.

87 Winder, Saudi Arabia..., a.a.O., S. 157.

88 Vgl. Y. Besson, La fondation du Royaume d'Arabie Saoudite. Essai sur la stratégie d'Abdul ᶜAziz ᶜAbdul Rahman Al Saᶜūd. Diss., Lausanne 1980, S. 32.

89 Der 1822 in Istanbul geborene türkische Staatsmann wurde 1868 Wali des Irak und 1872 Großwesir, wenig später jedoch entmachtet. 1877 noch einmal Großwesir unter Sultan ᶜAbd al-Ḥamīd (1876-1908) fiel er bald Palastintrigen zum Opfer. 1881 zum

Tode verurteilt, aber zur Verbannung nach Ṭā'if begnadigt, starb er dort am 8. Mai 1884. Im Gegensatz dazu gibt Ibrahim al-Rashid an, daß Midḥat Pascha am 12. Mai 1883 in Ṭā'if auf Befehl Sultan ʿAbd al-Ḥamīds hingerichtet wurde. Muḥammad ibn Rašīd soll mit seinen Truppen versucht haben, Midḥat Pascha aus der Festung von Ṭā'if zu retten. Die Angst vor einer von Midḥat Pascha angeführten allgemeinen Erhebung der Araber soll den Sultan veranlaßt haben, die Hinrichtung zu befehlen. Interessant ist in diesem Zusammenhang, daß sich der Dragoman des britischen Konsulats im Juni 1882 in Mekka nach dem Befinden Midḥat Paschas erkundigte. Vgl. Ibrahim al-Rashid, Documents on the history of Saudi Arabia. Bd. 1, Salisbury, N.C., 1976, S. 23f.

90 Vgl. Philby, Saʿudi Arabia, a.a.O., S. 226.

91 C.M. Doughty, Passages from Arabia Deserta, selected by Edward Garnett, Bungay 1983, S. 258 (Übersetzung von Otto Brandstädter, unveröffentlichtes Manuskript, S. 362).

92 Vgl. Ṣuwar min al-māḍī, a.a.O., S. 42.

93 ʿAbd ar-Raḥmān hatte folgende Söhne: Faiṣal (1870-1920); Fahd (1875-?), ʿAbd al-ʿAzīz (Ibn Saʿūd - 1880-1953), Muḥammad (1880-1943); Saʿd (Vollbruder von Ibn Saʿud, 1916 getötet); Saʿūd (?-1969); ʿAbdallāh (?-1977); Aḥmad (geb. 1920); Saʿd (?-1956); Musāʿid (geb. 1922). Hinzu kommen 9 Töchter. Vgl. B. Lees, A handbook of the Al Saʿud a.a.O., S. 34. Diese Tabelle belegt exemplarisch, daß Ibn Saʿūd nicht der älteste Sohn von ʿAbd ar-Raḥmān gewesen sein kann, und verleiht den Angaben von Muḥammad ibn ʿAbd ar-Raḥmān Gewicht.

94 Mit der Eröffnung des Suezkanals und den tanẓīmāt-Reformen begann ein Prozeß, in dessen Verlauf die osmanische Regierung aufgrund ihres sukzessiven Rückzuges infolge des Befreiungskampfes der christlichen Balkanvölker, des Panslawismus und des großrussischen Chauvinismus vom Balkan verdrängt wurde. Sie suchte Kompensation in ihren asiatischen Provinzen. Für diesen Zweck baute sie die Verkehrswege, insbesondere die Eisenbahnverbindungen, aus. Einen arabischen Staat, wie er auch von Muḥammad ibn Rašīd in den Grenzen vom Jordan bis Persien angestrebt wurde, mußte das Osmanische Reich als Bedrohung auffassen. Vgl. u.a. Ibrahim al-Rashid, Documents on the history of Saudi Arabia. Bd. 1, a.a.O., S. 23.

95 Philby, Arabian Jubilee, London 1952, S. 258, gibt für diese Hinrichtungen das Jahr 1886 an, während Winder, Saudi Arabia in the Nineteenth Century, a.a.O., S. 272, hierfür den August 1888 angibt. Musil datiert dieses Ereignis auf Ende 1887; die Söhne Saʿūds, Muḥammad und Saʿd, sollen bei Sonnenaufgang überfallen und getötet worden sein, ihre Familien und ihr Bruder ʿAbd al-ʿAzīz sollen nach Ḥā'il gebracht worden sein. Vgl. Musil, Zur Zeitgeschichte..., a.a.O., S. 65. Die wohl vollständigste Liste bezüglich der Söhne Saʿūds gibt die Enzyklopaedie des Islam: ʿAbdallāh, Saʿd, ʿAbd al-ʿAzīz, Muḥammad und ʿAbd ar-Raḥmān. Vgl. Enzyklopaedie des Islam. Bd. 2, a.a.O., S. 444f. Ausschlaggebend für die Hinrichtung dürfte die enge Bindung an den ʿAǧmān-Stamm und die beduinische, prononciert militärische Tradition gewesen sein, die die Raschididen als Gefahr empfanden, wohingegen die wahhabitische Reformbewegung, die vor allem die seßhafte Bevölkerung ansprach, nicht als unmittelbare Gefahr empfunden wurde.

96 Der Begriff Imam wurde nicht in der schiitischen Tradition verwendet, sondern im ursprünglichen Sinne, d. h. Vorbeter. Die Funktion des Imam umfaßte jedoch sowohl die höchste religiöse wie weltliche Autorität im saudischen Staat. ʿAbd ar-Raḥmān hatte bereits einmal als Imam amtiert, und zwar nach dem Tod von Saʿūd (26. Januar 1975 - 28. Januar 1876), war dann aber zugunsten von ʿAbdallāh (dieser hielt sich zum Zeitpunkt von Saʿūds Tod in Kuweit auf) zurückgetreten. Vgl. Philby, Saʿudi Arabia,

a.a.O., S. 226; F. Schreiber, Die Sauds, Macht und Ohnmacht der Herrscher Arabiens, Wien u.a. 1981, S. 75.

97 Vgl. Philby, Arabian Jubilee ..., a.a.O., S. 258. Muḥammad ibn Faiṣal scheint in ar-Riyāḍ mit Duldung Muḥammad ibn Rašīds verblieben zu sein. Vgl. u.a. Enzyklopaedie des Islam. Bd. 2, a.a.O., S. 444.

98 Nach anderen Angaben hatte zumindest ᶜAbdallāh, der älteste Sohn Faiṣals, einen Sohn namens Turkī, der vermutlich im Kindesalter starb. Vgl. Enzyklopaedie des Islam. Bd. 2, a.a.O., S. 444.

99 Vgl. Bligh, From Prince ..., a.a.O., S. 13. Der Zeitpunkt der Schlacht ist umstritten. Angegeben wird auch Februar 1901 und - nach Musil - der 17. März 1901. Die saudischen und kuweitischen Stammesaufgebote erlitten eine vollständige Niederlage. Häufig wird als Ort der Schlacht auch Tarafīya angegeben. Alois Musil spricht von al-Bukairīya. Alle drei Orte liegen nördlich von Buraida.

100 Die außerordentlich hohen Verluste der kuweitischen und saudischen Streitkräfte bestätigt auch al-Rashid, Documents on the history of Saudi Arabia. Bd. 1, a.a.O., S. 18, der 5000 Tote angibt, eine beträchtliche Zahl für das dünn besiedelte Innerarabien.

101 Kostiner, The Making of Saudi Arabia..., a.a.O., S. 4.

102 Vgl. M. Ṭāriq al-Ifrīqī, ad-Daula as-suᶜūdīya fī'l-Ǧazīra al-ᶜarabīya, Damaskus 1944, S. 12; Winder, Saudi Arabia..., a.a.O., S. 258; zu ᶜAbd ar-Raḥmāns Beitrag in dem Bruderkrieg zwischen ᶜAbdallāh und Saᶜūd und zu seiner Leistung als Herrscher vgl. ebenda, S. 258-260, 262f., 274-278.

103 Vgl. Lees, A handbook of the Al Saᶜud ruling family..., a.a.O., S. 34.

104 Mohammed Almana hat eine vollständige Liste der Teilnehmer an der Wiedereroberung von ar-Riyāḍ veröffentlicht: ᶜAbd al-ᶜAzīz (Ibn Saᶜūd)*, ᶜAbdallāh ibn Ǧalawī*, ᶜAbd al-ᶜAzīz ibn Musāᶜid ibn Ǧalawī*, Nāṣir ibn Farhān Āl Saᶜūd*, Muḥammad Ṣāliḥ Ṣalhowb*, Ibrāhīm an-Niffisī*, Fahd al-Mašūk*, Saᶜd ibn Bakhit*, ᶜAbd al-ᶜAzīz ar-Rubai*, Muḥammad ibn ᶜAbd ar-Raḥmān (Bruder von Ibn Saᶜūd), Fahd ibn Ǧalwī, ᶜAbd al-ᶜAzīz ibn ᶜAbdallāh ibn Turkī Āl Saᶜūd, Fahd ibn Ibrāhīm Mišārī Āl Saᶜūd, ᶜAbdallāh ibn Snitan Āl Saᶜūd sowie weitere 46 namentlich erwähnte Teilnehmer. Von den hier aufgeführten nahmen nur die mit einem * gekennzeichneten Personen am Überklettern der Stadtmauer von ar-Riyāḍ teil. Vgl. M. Almana, Arabia Unified. A portrait of Ibn Saud, London 1980, S. 274f.

105 Neben ᶜAbdallāh ibn Ǧalawī, einem Vetter, nahm an der Rückeroberung ar-Riyāḍs auch sein (Halb)bruder Muḥammad teil. Ferner beteiligten sich ᶜAbd al-ᶜAzīz ibn Musāᶜīd, ein Halbbruder ᶜAbdallāh ibn Ǧalawīs aus der königlichen Nebenlinie, sowie ᶜAbd al-ᶜAzīz as-Sudairī, ein Vetter Ibn Saᶜūds mütterlicherseits. Vgl. D. Holden/R. Johns, Die Dynastie der Sauds. Wüstenkrieger und Weltfinanziers, Düsseldorf 1983, S. 15.

106 Vgl. Philby, Arabian Jubilee, a.a.O., S. 9 u. 12.

107 Philby beschreibt die Situation recht passend: "Mit großer Herzlichkeit wurden wir von einem kleinen alten Mann empfangen... Instinktmäßig hatte ich das Bewußtsein der Anwesenheit einer anderen Persönlichkeit, die bei unserem Eintritt die tragende Mittelsäule verborgen hatte... Es war Ibn Saᶜud selbst..., Imam der Wahhabisekte und Herrscher des Wahhabilandes; der andere war sein Vater, ᶜAbdulrahman, aus Höflichkeit der Imam genannt. Nie wieder sah ich Vater und Sohn zusammen." Philby, Das geheimnisvolle Arabien. Bd. 1, a.a.O., S. 76f.

108 Der Prophet Muḥammad war als ḥākim (ḥakam) nach Yaṯrib gekommen, um zwischen den Stämmen Aus und Ḫazraǧ zu schlichten. Während er die offizielle Hegemonie der Stammesführer nicht änderte, wurde er anerkannter Führer von Medina durch die "Tugendhaftigkeit" seiner Aktivitäten und seinen Erfolg bei der Gewin-

nung des Stämme für seine Ideen. Die Stammesführer behielten ihre Titel, aber der Inhalt war durch das Entstehen einer neuen politischen Einheit, der muslimischen umma, obsolet geworden. Auf ähnliche Weise wollte Ibn Sa^cūd seinem Vater seine Ehrentitel nicht entziehen, aber er erhielt dessen Einverständnis, seine eigene politische Macht zu schaffen.

109 Vgl. Bligh, From Prince to..., a.a.O., S. 116, Anm. 6; Ibrahim al-Rashid, Documents on the history of Saudi Arabia. Bd. 2: The Consolidation of Power in Central Arabia, 1925-1928, Salisbury, N.C., 1976, S. 219 (National Archives/Record Group [RG] 59/890, F.01/8, Fu'ād Ḥamza an Secretary of State (Nr. 57/1/1), Mekka, 29. September 1928).

110 Um 1885 belagerten die Söhne Sa^cūds ^cAbdallāh in der Burg Muṣmak in ar-Riyāḍ. ^cAbdallāh wandte sich an Muḥammad ibn Rašīd, den Emir von Ḥā'il, um Hilfe, die ihm auch gewährt wurde (^cAbdallāh war mit des Emirs Schwester Nūra verheiratet). Die Söhne Sa^cūds wurden vertrieben, ^cAbdallāh "befreit" und ^cAbd ar-Raḥmān als Imam eingesetzt. Vgl. Musil, Zur Zeitgeschichte Arabiens, a.a.O., S. 64f. Der heute herrschende Zweig ^cAbd al-^cAzīz ibn ^cAbd ar-Raḥmān scheint seine Macht innerhalb der Saud-Dynastie - neben seinen eigenen Anstrengungen - zu einem kleinen Teil auch der Intervention Muḥammad ibn Rašīds zu verdanken.

111 H.St.J.B. Philby, Das geheimnisvolle Arabien, a.a.O., S. 96.

112 Zu den Ereignissen, die mit der saudischen Rückkehr nach ar-Riyāḍ zusammenhängen, vgl. Abū an-Naṣr, Sayyid al-ǧazīra al-^carabīya: Ibn Sa^cūd, Beirut 1935, S. 69; Ḫālid ibn Muḥammad al-Faraǧ, Aḥsan al-qiṣaṣ au sīrat ǧalālat al-malik ^cAbd al-^cAzīz ^cAbd ar-Raḥmān al-Faiṣal Āl Sa^cūd, (1954), S. 31; Ma^chad al-^cAṣima al-Numūdhaǧī al-ǧam^cīya al-adabīya, al-malik ^cAbd al-^cAzīz: muwaḥḥid al-ǧazīra al-^carabīya, Riad 1960, S. 17; Amīn Sa^cīd: Ta'riḫ ad-Daula as-Su^cūdīya. Bd. II, Beirut 1964, S. 30; Ḫair ad-Dīn az-Ziriklī, Šibh al-ǧazīrah fī ^cahd al-malik ^cAbd al-^cAzīz. Bd. 1, Beirut 1970, S. 129-131.

113 Aḥmad as-Sudairī war der Sohn des Emirs von Maǧma^ca. Nach dem Tod seines Vaters verblieb er Anfang der sechziger Jahren des 19. Jahrhunderts eine Zeitlang als Emir in Maǧma^ca, gemeinsam mit seinen jüngeren Brüdern Muḥammad und ^cAbd al-Muḥsin. Aḥmad wurde später von Imam ^cAbdallāh zum Führer einer Expedition in den Oman ernannt und Statthalter der al-Buraimī-Oase. Muḥammad as-Sudairī wurde Vizegouverneur der Stadt al-Hufūf. ^cAbd al-Muḥsin war eine Zeitlang Statthalter der Sudair-Provinz, wurde aber 1865 seines Amtes enthoben. Vgl. W.G. Palgrave, Reisen in Arabien. Bd. 2, Leipzig 1868, S. 255f.

114 al-Ifriqī, ad-Daula as-sa^cūdīya, a.a.O., S. 10; ^cAbd ar-Raḥmān ibn ^cAbd al-Laṭīf Al aš-Šaiḫ, Mašāhīr ^culamā' Naǧd wa-ǧairuhum, Riad 1974/75 (1394), S. 134.

115 Die gleiche Praxis befolgten auch die Scherifen von Mekka, die ihre Söhne gewöhnlich dem Adnān-Stamm zur Erziehung überließen. Einen recht guten Eindruck von Ibn Sa^cūds Aufenthalt bei den Murra vermittelt D. von Mikusch, König Ibn Sa^cud. Das Werden eines Staates, Berlin 1942, S. 25ff. Der usuelle Aufenthalt der saudischen und haschimitischn Prinzen bei den Stämmen hatte hauptsächlich den Zweck, die Weidegebiete der verschiedenen Stämme kennenzulernen. Eine europäische Entsprechung bestand in dem mittelalterlichen Brauch, die Gemarkungsgrenzen der Ortschaften einmal jährlich zu inspizieren und Jugendlichen diese "einzubleuen", d. h. durch Verabreichung symbolischer Prügel die Kenntnis der Gemarkungsgrenzen der jüngeren Generation weiterzuvermitteln.

116 Der Ǧalawī (auch Ǧiluwī)-Zweig der königlichen Familie geht auf Ǧalawī ibn Turkī zurück, einen Sohn des Wahhabitenimams Turkī (Imam von 1821 bis 1834). Ǧalawī hatte um 1877 fünf Söhne: Muḥammad, Sa^cūd, Musā^cid und ^cAbd al-Muḥsin. Vgl. Enzyklopaedie des Islam. Bd. 2, a.a.O., S. 444; Bligh, a.a.O., S. 107, gibt nur drei Söhne an: ^cAbdallāh, Musā^cid und Fahd. Da Ǧalawī noch um 1880 lebte, muß ^cAbdallāh ibn

Ǧalawī um 1878 geboren worden sein. Auch Philby, Das geheimnisvolle ..., Bd.1, a.a.O., S. 39, bestätigt, daß ʿAbdallāh ein Sohn Ǧalawīs war. Der Sohn des 1938 verstorbenen ʿAbdallāh ibn Ǧalawī drohte 1962, auf dem Höhepunkt der durch König Saʿūd ausgelösten Staatskrise, mit der Abspaltung der Erdölprovinz al-Ḥasā.

117 Vgl. Bligh, From Prince to King ..., a.a.O., S. 15.

118 Umm al-Qurā, 30. Juli 1943; Ḫair ad-Dīn al-Zirikli, Šibh al-ǧazīra fī ʿahd al-mālik ʿAbd al-ʿAzīz. Bd. IV, Beirut 1970, S. 1402.

119 Vgl. Bligh, From Prince to King ..., a.a.O., S. 15 u. 116 (Fußnote bei Bligh: FO 406/16, Nr. 109, Anlage 1: Brief von Oberstleutnant Kemball in Buschir an die indische Regierung, 6. Februar 1902).

120 Vgl. Bligh, From Prince to King ..., a.a.O., S. 15 u. 116 (Fußnote bei Bligh: FO 406/16, No. 109, Anlage 2: Brief von Scheich Mubarak Al Sabah von Kuwait an den britischen political resident am Persischen Golf, 31. Januar 1902).

121 Vgl. ebenda, S. 15 (Fußnote bei Bligh: FO 406/16, No. 122: Brief von Oberstleutnant Kembell in Buschir an die Regierung von Indien, 19. Februar 1902).

122 Vgl. ebenda, S. 16.

123 Zit. nach: ebenda.

124 Vgl. ebenda, S. 16. Die osmanische Regierung soll ʿAbd ar-Raḥmān 60 Goldlira monatlich gezahlt haben. Vgl. Philby, Saʿudi Arabia, a.a.O., S. 235. Im Gegensatz dazu gibt Madawi al-Rasheed an, daß ʿAbd ar-Raḥmān 33 Liras als monatliche Unterstützung erhielt. Vgl. al-Rasheed, Politics in an Arabian Oasis..., a.a.O., S. 207. Hintergrund dieser Unterstützung von osmanischer Seite war die Strategie der Hohen Pforte, einen arabischen Einheitsstaat auf der Arabischen Halbinsel um jeden Preis zu verhindern, eingedenk der Erfahrungen mit den Wahhabiten Anfang des 19. Jahrhunderts.

125 Vgl. Bligh, From Prince..., a.a.O., S. 16.

126 Vgl. ebenda (Fußnote bei Bligh: FO 406/20, No. 71: Brief von Mr. Towley in Konstantinopel an den Marquess von Lansdowne, 31. Januar 1905 u.a.).

127 Vgl. ebenda (Fußnote bei Bligh: FO 406/20, No. 56: Brief von Mr. Towley an den Marquess von Lansdowne in London, 24. Januar 1905 u. a.).

128 Vgl. ebenda (Fußnote bei Bligh: FO 406/27, No. 3: Brief vom Indian Office an das Foreign Office, eingegangen am 10. Januar 1906; FO 406/24, No. 68, Anhang: Brief von Konsul Crow in Basra an Sir O'Conor in Konstantinopel, 18. November 1905).

129 Vgl. ebenda (Fußnote bei Bligh: FO 406/27, No. 31, Anhang 1: Brief von der Regierung von Indien an Mr. Morley, 11. Januar 1906).

130 Von den fünf oder sechs Söhnen Saʿūds (ʿAbdallāh, Saʿd, ʿAbd a-ʿAzīz, Muḥammad, ʿAbd ar-Raḥmān), der - mit Unterbrechungen - von 1871 bis 1875 herrschte, ragen die Söhne von ʿAbd al-ʿAzīz (Saʿūd al-kabīr und Turkī) und Saʿd (Faiṣal, Fahd und Saʿūd) hervor, die alle an den Aufständen gegen Ibn Saʿūd teilnahmen. Vgl. hierzu Bligh, a.a.O., S. 114; Mikusch, König Ibn Saʿud..., a.a.O., Anhang; Blume, Saudiarabien, a.a.O., S. 124.

131 Vgl. Bligh, From Prince to..., a.a.O., S. 17. Die Angabe Blighs, daß in der Schlacht von Rauḍat al-Muhannā 1904 ʿAbd al-ʿAzīz ibn Rašīd gefallen sein soll, bestätigte einmal Philby, Das geheimnisvolle Arabien. Bd. 1, a.a.O., S. 111, wurde aber von Oppenheim, Die Beduinen. Bd. 3, a.a.O., S. 40, und vielen andren Autoren dementiert. Sie datieren den Tod des raschididischen Emirs auf April 1906. Dies bestätigen u. a.: Almana, Arabia Unified..., a.a.O., S. 271; al-Rasheed, Politics in an Arabian Oasis..., a.a.O., S. 56, und Philby, Saʿudi Arabia, a.a.O., S. 244f., der angibt, daß die ʿArāʾif Anfang März 1904 im Wadī ar-Rumma oder in ʿAnaiza aufgegriffen wurden.

132 Philby schildert dies wie folgt: "Aber die erfolgreiche Wiedererlangung des Landes der Vorfahren durch einen jüngeren Zweig der Familie weckte die Eifersucht des älteren Zweiges, der überlebenden Söhne Sa^c^uds, des Prätendenten. ^c^Abdul ^c^Aziz ibn Raschid begrüßte es, daß sie in dem folgenden Kampf seiner Partei beitraten... Als die Sieger an die Plünderung seines Lagers gingen, fanden sie zwischen dem Gepäck kauernd Abkömmlinge Sa^c^uds, die an der Schlacht teilgenommen hatten. Sie begrüßten sie mit einem Ausdruck, der von den Badawin auf geraubte, in der Schlacht zurückgewonnene Kamele angewendet wird; die Bezeichnung Al ^c^Ara'if ist seit jener Zeit der Familie als Übernahme geblieben." Philby, Das geheimnisvolle Arabien. Bd. 1, a.a.O., S. 110f.

133 Vgl. u. a. Henderson, After King Fahd..., a.a.O, S. 5.

134 Philby, Das geheimnisvolle Arabien. Bd. 1, a.a.O., S. 111.

135 Vgl. Almana, Arabia Unified..., a.a.O., S. 272.

136 Sa^c^ud ibn Faiṣal war der Sohn einer ^c^Aǧmīya, seine Söhne und Enkel erneuerten die Bindung an der ^c^Aǧmān-Stamm. Vgl. von Oppenheim, Die Beduinen. Bd. 3, a.a.O., S. 144.

137 Philby, Das geheimnisvolle Arabien. Bd. 2, a.a.O., S. 75.

138 Auf die gleiche Weise versuchte Ibn Sa^c^ūd auch andere königliche Nebenlinien zu binden, die sogar geringe politische Verantwortung übernehmen konnten. Zu diesen Verwandten zählte Aḥmad ibn Ṯunaiyān, der als politischer Adjutant verschiedene diplomatische Aufträge übernahm. Vgl. Philby, Das geheimnisvolle Arabien. Bd. 1, a.a.O., S. 92. Hierzu gehörte u.a. die Vertretung Ibn Sa^c^ūds auf der Konferenz von Muḥammara, auf der die irakisch-naǧdische Grenze festgelegt werden sollte. Ibn Sa^c^ūd verwarf aber das Abkommen mit dem Hinweis, sein Delegierter habe seine Kompetenzen überschritten.

139 Philby, Das geheimnisvolle Arabien. Bd. 1, a.a.O., S. 91.

140 Die Angabe von Bligh, a.a.O., S. 18, ist nicht korrekt. ^c^Abdallāh ibn Ǧalawī wurde 1908 zum Gouverneur des Qaṣīm ernannt; hier verblieb er bis zur Eroberung al-Ḥasās. Hier in al-Ḥasā baute er seine Macht besonders stark aus: seine Söhne Sa^c^ūd ibn Ǧalawī und ^c^Abd al-Muḥsin übernahmen die Geschäfte in den Städten al-Qaṭīf und al-Hufūf. Der Bruder des ḥakīm von al-Ḥasā (^c^Abdallāh ibn Ǧalawī) war Emir von Ẓahrān (Dhahran). Vgl. Ḥamza al-Ḥasan, Aš-Šī^c^a fī'l-Mamlaka al-^c^Arabīya as-Sa^c^ūdīya... Bd.1, a.a.O., S. 376; vgl. auch ^c^Abdallāh al-^c^Alī al-Manṣūr az-Zāmil, Aṣdaq al-bunūd fī tārīḫ ^c^Abd al-^c^Azīz Āl Sa^c^ūd, Beirut 1972, S. 466. Die Ǧalawī behielten ihre herausragende Position in der östlichen Provinz. ^c^Abd al-Muḥsin war 1981 Gouverneur der östlichen Provinz, Muḥammad ibn Fahd ibn Ǧalawī Gouverneur von al-Hufūf. Vgl. Almana, Arabia unified, a.a.O., S. 358.

141 Ein Indiz für seine weitgehende Selbständigkeit ist das Verhalten ^c^Abdallāh bin Ǧalawīs gegenüber den Machtansprüchen der iḫwān; "Solche Hemmungen schränkten seinen strengen Cousin, Abdallah ibn Jiluwi, der einer der engsten Gefährten bei dem Überfall war, der zur Einnahme von Riyad führte, nicht ein. König von al-Hasa in allem außer dem Titel, ruft der Name von Ibn Jiluwi ebensoviel Angst wie vor den Ikhwan hervor, und in diesem Mann trafen die Ikhwan ihren Meister... Am 20. April 1920 trug Ibn Jiluwis Schwägerin, ein Mädchen aus dem Subai^c^-Stamm, bei einem Besuch ihrer Schwester in der Stadt ein farbiges Seidenkleid. Ein Ikhwan-Beduine, der am Tor saß, schlug das Mädchen brutal, weil Seide bei den Ikhwan verflucht war. Ibn Jiluwi versammelte alle Ikhwan, die mit dem Mann verbunden waren, beschlagnahmte ihre Kamele und verprügelte den Schuldigen. J. Habib, Ibn Sa^c^uds Warriors of Islam, Leiden 1978, S. 37 (Fußnote bei Habib: Public Record Office, MSS, Foreign Office, Vol. 5261, Doc.No. E8538: vertraulicher Bericht vom Political agent Bahrein an den Civil commissioner, Bagdad, 23./26. April 1920).

142 Philby gibt in Arabian Jubilee, London 1952, S. 254 u. 259, zwar kein präzises Geburtsdatum an, plaziert aber Saᶜd zwischen Muḥammad und Saᶜūd.

143 Vgl. Fahd al-Marik, Fahd Ibn Saᶜd wa maᶜrifat ṯalātīn ᶜāman, Riad 1973, S. 149.

144 Bei Quwaiᶜīya (160 km südwestlich von ar-Riyāḍ) fiel Saᶜd in die Hände scherifischer Truppen. Ibn Saᶜūd mußte in einem Dokument die osmanische Suzeränität anerkennen und für die Verwaltung al-Qaṣīms Tribute entrichten. Vgl. H.St.J.B. Philby, The Heart of Arabia: A Record of Travel and Exploration, London 1922, Bd. 1, S. 84; K. Williams, The Puritan King of Arabia, London 1933, S. 70.

145 Philby, The Heart of Arabia. Bd. 1, a.a.O., S. 379.

146 Vgl. A. ar-Raihānī, Ta'riḫ Naǧd al-ḥadīṯ wa muḥāqātihi, Beirut 1954, S. 225.

147 Vgl. H.St.J.B. Philby, Arabia of the Wahhabis, London 1928; ders., Heart of Arabia. Bd. 1, a.a.O., S. 84. Philby führt hierzu folgendes aus: "Haß gegen die ᶜAjman und die Entschlossenheit, seinen Bruder zur rächen, bildeten einen der Grundakkorde, auf denen damals Ibn Saᶜuds Politik gestimmt war; sie lieferten ihm gleichsam das dramatische Leitmotiv, mittels dessen er, wo es nötig war, auf die Gefühle seiner Hörer einwirken konnte. Um dieses Zieles willen hatte er die Witwe seines Bruders geheiratet ...; zum selben Zweck stellte er bei jeder passender Gelegenheit die kleinen Waisen, seine eigenen Kinder sozusagen, vor der Öffentlichkeit zur Schau ..." Vgl. Philby, Das geheimnisvolle Arabien. Bd. 1, a.a.O., S. 95. Möglicherweise steckt dahinter jedoch noch mehr, zieht man den seit Jahrzehnten gewachsenen Einfluß der Sudairī in Betracht. Stimmt die These, daß sein Bruder Muḥammad tatsächlich älter war (und auch von den Sudair abstammte), verdankte Ibn Saᶜūd seine Macht im wesentlichen der Sudairi-Familie, was auch diese erneute Heiratspräferenz erklärt.

148 ᶜAbd al-Muḥsin ist Gouverneur von Medina, sein ältester Sohn Saᶜūd Vizegouverneur von Medina. Vgl. Lees, The Al Saᶜud..., a.a.O., S. 43, Tab. 10. Im Gegensatz dazu ordnet Powell Saᶜūd ibn ᶜAbd al-Muḥsin der saudischen Staatssicherheit zu. Vgl. W. Powell, Saudi Arabia and its royal family, Sesaunus, N.J., 1982, S. 358.

149 Die iḫwān betrieben in der Regel eine deutliche Stammespolitik, was besonders bei den die iḫwān-Muṭair deutlich wurde, deren Expansion gegen Kuweit mit dem Zeitpunkt zusammenfiel, als Emir Sālim von Kuweit das Städtchen Ǧahra' befestigte und zudem die Errichtung des Mandatsstaates Irak begann, was die freie Bewegung des Muṭair-Stammes einschränkte. Hinzu kamen die noch immer virulenten Auseinandersetzungen mit den ᶜAǧmān, den einstigen Herren des ganzen al-ḥasā' (vgl. Philby, Das geheimnisvolle Arabien. Bd. 1, a.a.O., S. 58), was die Muṭair-iḫwān zu diesem Zeitpunkt fest an Ibn Saᶜūd band. Die Muṭair-iḫwān kombinierten missionarische Inbrunst mit Stammessolidarität (ᶜaṣabīya) und politischer Unlenkbarkeit. Vgl. J. Kostiner, Saᶜūdi Arabias Territorial Expansion: The Case of Kuwayt, 1916-1921. In: Die Welt des Islams 33 (1993) 2, S. 219-234. Die Stammesinteressen und das Interesse Ibn Saᶜūds, seinen Staat auszudehnen, fielen zusammen. Doch bei den iḫwān überwogen wohl stets die Stammesinteressen, und die Autorität der iḫwān-Führer beruhte in erster Linie auf ihrer traditonellen Autorität als Stammesführer.

150 Um die nomadischen Stammesstrukturen zu zerschlagen, wurden die nomadischen iḫwān aufgefordert, ihre Existenzgrundlage, ihre Kamelherden, zu verkaufen. Die iḫwān wurden dann durch verschiedene Formen in ihrer Existenz alimentiert, was zu einer elementaren Abhängigkeit von den Saᶜūds führte. Die verschiedenen Formen der Subsidien sind: aš-šarba, al-qaᶜida, al-muᶜawna und al-barwa. Vgl. J. Habib, Ibn Saᶜuds Warriors of Islam, Leiden 1978, S. 42f.

151 Philby führt hierzu aus: "Auf diesem Ausflug sah ich zum erstenmal Turki, den ältesten Sohn und Erben Ibn Saᶜuds... Nach vielen im Qasim als Befehlshaber der Truppen dieser Provinz verbrachten Monaten war er eben erst nach Riyadh zurückgekehrt... In seinem schlanken Körperbau ... deutete nichts auf das Vorhandensein

eines Helden...; er hatte aber schon im Alter von acht Jahren seine militärische Laufbahn begonnen und hatte jetzt im Alter von achtzehn Jahren als Befehlshaber des Heeres nur seinen Vater als Vorgesetzten." Philby, Das geheimnisvolle Arabien. Bd. 1, a.a.O., S. 94.

152 Vgl. Bligh, From Prince to..., a.a.O., S. 19 (Fußnote bei Bligh: FO 371/4144, E 4370, 24). Oppenheim datiert den Beginn der Auseinandersetzung auf September 1918. Die Sauds schlugen die Šammar bei Yaṭib, unweit von Ḥā'il, belagerten aber nicht die raschididische Hauptstadt Ḥā'il. Vgl. dens., Die Beduinen. Bd. 3, Wiesbaden 1952, S. 42.

153 Vgl. H.St.J.B. Philby, Arabia of the Wahhabis. London 1928, S. 17; ders., The Heart of Arabia. Bd. 1, London 1922, S. 93.

154 Die hygienischen Verhältnisse in Innerarabien waren sehr schlecht, Krankheiten und Epidemien verschonten auch reiche Familien nicht. "Die Kindersterblichkeit ist in Arabien eine furchtbare Geißel, in der Hauptsache infolge der Blatternkrankheit, danach überstehen 75 bis 80 Prozent der im Wahhabiland geborenen Kinder die paar ersten Lebensjahre nicht. Vgl. Philby, Das geheimnisvolle Arabien. Bd. 1, a.a.O., S. 106.

155 Die Primogenitur bedeutet Erstgeburtsrecht, d. h. das Vorzugsrecht des Erstgeborenen bei der Erbfolge. Die Primogeniturthronfolge wurde in Deutschland zuerst unter Kaiser Karl IV. durch die Goldene Bulle 1356 für die Reichsfürsten-Territorien, mit denen die Kurwürde verbunden war, festgelegt. Später wurde diese Thronfolgeregelung auf Kurbrandenburg (1473) und die übrigen Reichsterritorien übertragen. Sie erlangte auch in den übrigen Monarchien Europas Bedeutung. Die Primogenitur ist hier eine Linearprimogenitur, d. h. nicht nur der Erstgeborene, sondern auch dessen Linie hat vor den Nachgeborenen und dessen Linien den Vorzug. Die Primogeniturregelung wurde in Deutschland auch zuweilen auf die privatrechtliche Vererbung ausgedehnt, so z.B. in den Fürstentümern Waldeck und Lippe, wo die Unteilbarkeit der Bauerngüter rechtlich verbindlich festgelegt war. Die Primogenitur ist vom Majorat und vom Seniorat zu unterscheiden. Vgl. H. Schulze, Das Recht der Erstgeburt in den deutschen Fürstenhäusern, Leipzig 1851, S. 15ff.

156 Vgl. Philby, Das geheimnisvolle Arabien. Bd. 1, a.a.O., S. 103f.

157 Ebenda, S. 105.

158 Ebenda, S. 107.

159 Vgl. Bligh, From Prince to King ..., a.a.O., S. 20.

160 Vgl. ebenda (Fußnote bei Bligh: FO 406/41, Nr. 157: Brief von Oberst C.E. Wilson an Major Young, 1. November 1919).

161 Vgl. ebenda (Fußnote bei Bligh: Charles U. Aitchison, A Collection of Treaties, Engagements and Sanadas Relating to India and Neighboring Countries, 5. Auflage, Delhi 1933, Bd. XI, S. 206-208); J.C. Hurewitz, Diplomacy in the Near and Middle East: A Documentary Record, 1914-1956. Bd. 2, Princeton 1958, S. 17-18.

162 Im Sommer 1919, kurz nach dem Sieg über die scherifischen Streitkräfte bei Turaba, entsandte ᶜAbd al-ᶜAzīz seinen Sohn Faiṣal und Aḥmad ibn Ṯunaiyān nach London. Die beiden Abgesandten Ibn Saᶜūds sollen mit Herablassung behandelt worden sein. Vgl. D. von Mikusch, König Ibn Saᶜud..., a.a.O., S. 253. Ein Grund für diese britische Reaktion dürfte wohl im Alter Faiṣals (13 Jahre!) zu suchen sein.

163 Vgl. Ḫair ad-Dīn ibn Maḥmūd az-Ziriklī, Šibh al-ğazīra fī ᶜahd al-malik ᶜAbd al-ᶜAzīz, Beirut 1970, S. 1405.

164 Zu Faiṣals frühen Jahren vgl. V. Sheean, The King and his Kingdom, Tavistock 1975, S. 79.

165 Vgl. Bligh, From Prince to..., a.a.O., S. 21 (Fußnote bei Bligh: FO 406/41, Nr. 171: Anmerkungen eines Gesprächs zwischen dem Staatssekretär für Auswärtige Angelegenheiten und der Arabischen Mission, repräsentiert durch Amir Ibn Saud, 26. November 1919).

166 Vgl. ebenda; Philby, Arabia of the Wahhabis, a.a.O., S. 193. Der Banū Ḫālid-Stamm beherrschte in vorwahhabitischer Zeit ganz Ostarabien. Nach langen Kämpfen gegen die Wahhabiten trat die Scheichfamilie der Banū Ḫālid - sie stellte zugleich auch die Emire von al-Ḥasā - gegen Ende des 19. Jahrhunderts zu den Wahhabiten über und scheint seitdem durch Heiratsbeziehungen in die königliche Familie eingebunden zu sein. Vgl. von Oppenheim, Die Beduinen. Bd. 3, a.a.O., S. 133-139.

167 Vgl. D.A. Howarth, The Desert King: A Life of Ibn Saud, London 1964, S. 116.

168 Vgl. Bligh, From Prince to..., a.a.O., S. 22 (Fußnote bei Bligh: RG 59/890, F.01/8: Brief vom saudischen Auswärtigem Amt in Mekka an den Staatssekretär in Washington, 29. September 1928); al-Rashid, Documents on the history of Saudi Arabia. Bd. 3, a.a.O., S. 219-223.

169 Der Titel Sulṭān bezeichnete seit dem 11. Jahrhundert unabhängige Herrscher eines muslimischen Gebiets. In den ersten Jahrhunderten nach der Entstehung des Islam wurde sulṭān nur in der Bedeutung von "Gewalt" oder "Herrschaft" gebraucht. Maḥmūd von Ġazna (999-1030) erhielt als erster islamischer Herrscher den Beinamen Sultan. In der Mitte des 12. Jahrhunderts übernahmen die Ayyubiden den Titel Sultan. Vgl. K. Kreiser/W. Diem/H.G. Majer (Hg.), Lexikon der Islamischen Welt. Bd. 3, Stuttgart 1974, S. 130; C.H. Becker, Barthold's Studien über Kalif und Sulṭān. In: Der Islam 6 (1916), S. 350-412.

170 Vgl. Bligh, From Prince to..., a.a.O., S. 22; Aḥmad ʿAbd al-Ġafūr ʿAṭṭār, Al-Amīr Manṣūr, wāzīr difāʿ al-Mamlaka al-ʿArabīya as-Saʿūdīya, Kairo 1947, S. 28.

171 Vgl. H.St.J.B. Philby, The Reign in Saʿudi Arabia. In: Foreign Affairs, London 32 (1954) 3, S. 447.

172 Das gleiche Prinzip herrschte bei den Raschididen: Ṭalāl starb am 11. März 1868 infolge einer Schußverletzung. Er hinterließ sechs Söhne, von denen keiner eines natürlichen Todes starb. Sein Nachfolger wurde aber nicht einer seiner Söhne, sondern sein Bruder Mitʿab. Diese Regelung führte zur Fraktionsbildung in der herrschenden Dynastie. Gegenspieler von Mitʿab war Bandar, der älteste Sohn Ṭalāls. Vgl. von Oppenheim, Die Beduinen. Bd. 3, a.a.O., S. 45ff.

173 Vgl. Howarth, The Desert King, a.a.O., S. 146-152.

174 Vgl. N.O. Madani, The islamic content of the foreign policy of Saudi Arabia, King Faisal's call for islamic Solidarity 1965-1975, Washington 1977, S. 32-61.

175 Vgl. Bligh, From Prince to..., a.a.O., S. 23.

176 Vgl. die Verfassung des Ḥiǧāz, Paragraph II: "Die gesamte Verwaltung des Königreichs liegt in den Händen Seiner Majestät Abdul Aziz, des ersten Sohnes von Abdal Rahman el Feissal el Soud... Der König wird einen Generalstellvertreter ernennen, der seinerseits seine Rechte vom König ableitet." Politisches Archiv des Auswärtigen Amtes (im folgenden: PA des AA), Bonn, Nr. R 78 384, Bl. L 323 233 (Anl. zu Nr. 573).

177 Vgl. Umm al-Qurā, Nr. 3, 10.9.1926.

178 Vgl. Umm al-Qurā, 12.7.1928.

179 Vgl. Bligh, From Prince to..., a.a.O., S. 23ff.

180 Vgl. al-Rashid, Documents... Bd. 3, a.a.O., S. 19f., Anhang zum Bericht Nr. 855 von Konsul Randolph an das State Department, Bagdad, 14. Februar 1929; Kopien von den Seiten 83 & 84 des Handbuch von Arabien, (Band 1) hergestellt zum Nutzen der britischen Admiralität und des Kriegsministeriums durch den Kriegsstab der Admira-

lität (Nachrichtenabteilung oder Aufklärungsabteilung), Mai 1916 (British Government Publikation I.D. 1128).

181 Vgl. ebenda.

182 Vgl. BA, Abt. Potsdam, AA, Film-Nr. 17 530, Bl. L 324 307, Fu'ād Ḥamza an de Haas, 21.5.1933; Bl. L 324 338, Grobba an AA, 6.6.1933.

183 Vgl. Bligh, From Prince to ..., a.a.O., S. 26; Aḥmad ʿAbd al-Ġafūr ʿAṭṭār, Saʿūd wali ʿahd al-Mamlaka al-ʿArabīya as-Saʿūdīya, Kairo 1947, S. 47f.

184 Vgl. Bligh, From Prince to..., a.a.O., S. 27.

185 Vgl. Umm al-Qurā, 12., 19. u. 26.5.1933.

186 Vgl. Umm al-Qurā, 23.9.1932.

187 Ibn Saʿūd wollte hiermit seinen Gegnern, vor allem der aus dem Ḥiǧāz vertriebenen Haschimitenfamilie, vor Augen führen, daß ihre Ansprüche auf den Ḥiǧāz für immer erloschen sind. Die alte Staatsbezeichnung hatte es ihnen immer wieder erlaubt, ihn als Usurpator hinzustellen. Zugleich sollten eine einheitliche Verwaltung im ganzen Land eingeführt und der Sonderstatus des Ḥiǧāz aufgehoben werden.

188 Vgl. Politisches Archiv des Auswärtigen Amtes (PA des AA), Bonn, Nr. R 78 398 Bl. L 324 330. Deutsche Gesandtschaft Bulkeley an AA, 15.8.1935.

189 Vgl. PA des AA, Bonn, Nr. R 78 398, Bl. L 324 304 -307, Nr. 25/6/12. Schreiben des Auswärtigen Amtes in Mekka an den deutschen Konsul in Ǧidda, 18. Mai 1933; Bligh, From Prince to ..., a.a.O., S. 28; ʿAṭṭār, a.a.O., S. 67f.

190 Zit. nach: Bligh, From Prince to ..., a.a.O., S. 29 (Fußnote bei Bligh: India Office Records and Library (IORL) P&S/20/2082, PZ 496).

191 Hartmann führt folgendes aus: "Man unterscheidet denn auch zwei Kategorien von Erben: 1. die koranischen Erben, 2. die ʿaṣabāt. Hierbei gehen die koranischen Erben vor, doch sind die Bestimmungen über die ihnen zustehenden Anteile so verklausuliert, daß praktisch doch die ʿaṣabāt die Haupterben bleiben; und das ist sicher nicht etwa eine spätere Änderung, sondern dürfte der ursprünglichen Meinung Muḥammeds wirklich entsprechen." R. Hartmann, Die Religion des Islam, Berlin 1944, S. 88.

192 Vgl. Umm al-Qurā, 30.7.1943; Philby, Arabian Jubilee, a.a.O., S. 254.

193 Zit. nach: Bligh, From Prince to..., a.a.O., S. 30 (Fußnote: RG 226/44994, "Personalities in Saudi Arabia", [1. July 1939], S. 5).

194 Vgl. ebenda, S. 30.

195 Vgl. ʿUmar Abū an-Naṣr, Sayyid al-ǧazīra al-ʿarabīya: Ibn Saʿūd, Beirut 1935; von Mikusch, König Ibn Saʿud..., a.a.O., S. 23f.

196 Vgl. ʿUmar Abū an-Naṣr, Sayyid al-ǧazīra..., a.a.O., S. 54ff.

197 Vgl. von Mikusch, König Ibn Saʿud, a.a.O., S. 64; K. Williams, Ibn Saud: The puritan King of Arabia, London 1933, S. 25-28.

198 Vgl. Bligh, From Prince to..., a.a.O., S. 31.

199 Vgl. ebenda (Fußnote bei Bligh: FO 905/21, Minute Sheet 150/1, 2.1.1935).

200 Vgl. ebenda (Fußnote bei Bligh: FO 905/21, Minute Sheet 150/16: Extract from Kuwait Intelligence Summary No. 1/1935, datiert aus Kuwait vom 25.1.1935).

201 Sulṭān ibn Biǧād war zudem der Schwiegersohn von Faiṣal ad-Dawīš. Sulṭān hatte als Emir der hiǧra Ġaṭġaṭ großen Anteil an der Schlacht von Turaba und der Eroberung von Ṭā'if. 1928 brach er mit dem König. Er wurde nach dem Kongreß von ar-Riyāḍ im Oktober 1928 abgesetzt, hatte aber einen großen Teil seiner Stammesfraktion hinter sich. Große ʿUtaiba-Abteilungen nahmen an der Schlacht von Sabila im April 1929 teil. Sulṭāns Verhaftung nach der Schlacht verstärkte die Unruhe in der Barqā-Abteilung der ʿUtaiba. Auf einer Stammesversammlung in ad-Dawādmī im Juni 1929 erzwangen die Barqā-Scheiche die Begnadigung aller Beteiligten, die an der Schlacht von Sabila und den Kämpfen danach teilgenommen hatten. Vgl. von Oppenheim, Die Beduinen. Bd. 3, a.a.O., S. 86ff.

202 Vgl. Bligh, From Prince to..., a.a.O., S. 31.
203 Zit. nach Habib, Ibn Saʿuds Warriors..., a.a.O., S. 140.
204 Habib gibt die Stärke von Ibn Saʿūds Armee mit 28 000 an, eingeschlossen 8000 Stadtleute und 20 000 loyale iḫwān und Beduinen. Vgl. ebenda, S. 140.
205 Die amtliche saudische Zeitung "Umm al-Qurā" beschrieb die Schlacht von Sabila folgendermaßen: "Seine Majestät übernahm das Kommando des Zentrums, setzte seinen Bruder Emir Muhammad in das Kommando über die Kavallerie auf der Linken ein und seinen ältesten Sohn Emir Saud in das Kommando der Kavallerie auf der Rechten. Er befahl dann einen allgemeinen Angriff. Als die beiden Parteien einander erreichten und die Schlacht zwischen der Infanterie begann, ritten die Söhne, Neffen und weiteren Verwandten in Gefechtslinie der Kavallerie und kämpften sehr tapfer, bis sie die gegnerische Kavallerie in die Flucht schlugen und den infanteristischen Widerstand brachen." Zit. nach Habib, Ibn Saʿuds Warriors..., a.a.O., S. 140; Umm al-Qurā, Nr. 224, 12.4.1929.
206 Vgl. ebenda, S. 32.
207 von Mikusch, König Ibn Saʿud..., a.a.O., S. 10.
208 Vgl. Bligh, From Prince to..., a.a.O., S. 33.
209 Vgl. Ḫair ad-Dīn az-Ziriklī, al-Aʿlām; Qāmūs tarāǧim li-Ašhar ar-riǧal waʾl-nisāʾ min al-ʿarab waʾl-mustarʿibīn waʾl-mustašriqīn. Bd. 4, Beirut 1970, S. 1414. Im Gegensatz sagt Philby in Arabian Jubilee, a.a.O., S. 259, daß Ḫālid 1904 geboren wurde.
210 Vgl. Bligh, From Prince to..., a.a.O., S. 33.
211 Vgl. ebenda (Fußnote bei Bligh: FO 905/21, Minute Sheet 150/16, 25.1.1935).
212 Die Angabe von Bligh, From Prince to, a.a.O., S. 33, Ḫalid habe eine Vollschwester von Faiṣal geheiratet, kann nicht stimmen, da Faiṣals Vollschwester ʿAnūd vermutlich 1912 geboren wurde und Fahd ibn Saʿd ibn ʿAbd ar-Raḥman geheiratet hat. Vgl. Lees, The Al Saʿud..., a.a.O., S. 51, Tab. 24. Faiṣals Sohn Turkī heiratete im Gegenzug eine Schwester von Ḫālid ibn Fahd ibn Muḥammad ibn ʿAbd ar-Raḥmān. Vgl. ebenda, S. 40, Tab. 7.
213 Ibn Saʿūd bot dem Rebellenführer Saʿūd ibn ʿAbd al-ʿAzīz die Heirat mit seiner älteren Schwester Nūra an.
214 Vgl. ebenda, S. 34.
215 Winder, Saudi Arabia in the nineteenth..., a.a.O., S. 86f.
216 Vgl. J. Habib, Ibn Saʿud's Warriors..., a.a.O., S. 9 u. 136-155; Al-Baqīʿ Muhandis ibn al-Yūsuf al-Haǧīrī, Qiṣṣat tadmīr Āl Saʿūd liʾl-āṯār al-islāmīya fīʾl-Ḥiǧāz, Beirut 1990 (1411), S. 53-80; W.F. Smalley, The Wahabis and Ibn Saud. In: The Moslem World, New York 22 (1932) 3, S. 239.
217 Im Januar 1930 erfolgte der Schlußstrich unter den iḫwān-Aufstand. Faiṣal ad-Dawīš, der Führer der Muṭair, und Scheich Ḥitlain, Chef der ʿAǧmān, wurden auf dem britischen Kabelschiff "Patrick Stewart" an die Küste al-Ḥasās gebracht und an Ibn Saʿūd ausgeliefert. Vgl. hierzu das letzte von Faiṣal ad-Dawīš aufgenommene Foto in: ʿAbdallāh ibn-ʿAlī al-Manṣūr az-Zāmil, Aṣdaq al-bunūd fī tārīḫ ʿAbd al-ʿAzīz Āl Saʿūd, Beirut 1972.
218 Vgl. hierzu Kostiner, The Making of Saudi Arabia..., a.a.O., S. 158-173. Kostiner belegt eindeutig, daß die treibende Kraft hinter Ibn Rifāda Emir ʿAbdallāh von Transjordanien war.
219 Ein deutscher Ingenieur beschrieb recht eindrucksvoll die Situation im Ḥiǧāz: "Diese Schulden und Gehälter werden anteilig ohne Bevorzugung jedem Gläubiger gezahlt werden *(Bisher noch nicht geschehen)*.
 - Verbesserung der Gesundheitspflege des Landes *(Die Ärzte rücken alle aus, wegen Nichtzahlung der Gehälter, Krankenhaus ist geschlossen; Medikamente fast nicht mehr vorhanden...)* und der Pilger (...)

- Verbesserung der Verkehrswege *(Es wurde nur ein Verkehrsweg verbessert, und zwar ein Verbindungsweg zwischen zwei Palais in Mekka).*

Blatt 2 vom Manifest

Unsere Türe steht allen offen. Wir selbst werden für alle sorgen. *(Selbst diese Verkündung ist nicht wahr, denn man verbietet den Ärzten das Ausreisen und wie die Regierung für alle sorgt, sieht man an den armen Soldaten, die jetzt teilweise betteln gehen müssen, soweit die englische Regierung dieselben nicht in die Heimat zurückbefördert hat. Die Leute haben 40 Prozent von den ausstehenden Gehältern nicht erhalten und sind ohne jede Mittel).* Riyad, 28. Djamaᶜa 1350. PA des AA, Bonn, Nr. R 92 130, Krokowski an AA, Ǧidda, 28. Ǧamaᶜa 1350. Posteingang beim AA: 20.2.1932.

220 Vgl. Bligh, From Prince to ..., a.a.O., S. 35 (Fußnote: FO 905/21, Secret Minute Sheet 150/82, 26.8.1935).

221 Vgl. ebenda, S. 36.

222 Vgl. ebenda.

223 Vgl. von Oppenheim, Die Beduinen, a.a.O., S. 108 (Anmerkung 21).

224 Vgl. hierzu den interessanten Artikel P.-G. Malmignatti, Dans l'Arabie inconnue. Deux Mois avec les bédouins nomades du désert Hamad. In: L'Illustration, Paris 86 (1928) 4437, S. 282-287.

225 Einen solchen Jagdausflug schildert sehr eindrucksvoll der Franzose Malmignatti. Vgl. Malmignatti, Dans l'Arabie inconnue..., a.a.O., S. 282-287. Auch Ḫālid Abū al-Walīd Āl Hūd al-Qarqānī, Ibn Saᶜūds Sonderbotschafter bei Hitler, berichtete gegenüber Schlobies 1939, daß "Ibn Saud ein großer Jäger sei, und zwar pflege man in Arabien die Jagd auf Gazellen vom Automobil aus auszuüben. Es käme vor, daß bei einer Fahrt, allerdings über 200 km, Ibn Saud 50 Gazellen erlegte". PA des AA, Bonn, Nr. R 104 795 (ohne Paginierung), Aufzeichnung, 28.5.1939.

226 Vgl. Bligh, From Prince to..., a.a.O., S. 36f. Ich ziehe in meinem Beitrag den europäische Namen Ibn Saᶜūd gegenüber dem vollen arabischen Namen ᶜAbd al-ᶜAzīz ibn ᶜAbd ar-Raḥmān al-Faiṣal Āl Saᶜūd vor, um Verwechslungen mit anderen gleichnamigen Personen zu vermeiden. Lediglich bei der Angabe des Familienzweiges wird der Name ᶜAbd al-ᶜAzīz verwendet.

227 Zit. nach Bligh, From Prince to..., a.a.O., S. 37. (Fußnote bei Bligh: FO 371/3761, E 5551/3293/25, 31.8.1943).

228 Eine ähnliche Position dürfte heute Muḥammad (geb. 1910) innerhalb der saudischen Familie einnehmen.

229 Vgl. Winder, Saudi Arabia in the nineteenth..., a.a.O., S. 164f.

230 Vgl. Bligh, From Prince to..., a.a.O., S. 38.

231 Vgl. ebenda, S. 40.

232 Vgl. H. Dudin, Asabiya - Ein Beitrag zur politischen Symbolik. Diss., Berlin 1977.

233 Vgl. die Kurzbiographie zu Sulṭān ibn ᶜAbd al-ᶜAzīz Āl Saᶜūd in: Orient, Opladen 22 (1981) 1, S. 5-8.

234 "Als ob es nicht genug wäre, der Sohn einer armenischen Sklavin und Chefdenker (gemeinsam mit Badr und Fawwāz) zu sein, soll Ṭalāl labil sein und auf eine ungezügelte Art und Weise lachen, die gleichermaßen Familienangehörige wie westliche Besucher nerven soll." Vgl. Henderson, After King Fahd..., a.a.O., S. 19. Inwieweit die politischen Stellungnahmen als "liberaler Prinz" auch von Thronfolgeaspirationen inspiriert waren, läßt sich schwer sagen, auf jeden Fall bedeutete die Parteinahme für den ägyptischen Präsidenten Nasser das Ausscheiden aus der Thronfolgelinie.

235 Vgl. Henderson, After King Fahd..., a.a.O., S. 1, Fußnote 2.

236 Vgl. ebenda, S. 18f.

237 Vgl. H. Wahba, Ǧazīrat al-ᶜarab fī'l-qarn al-ᶜišrīn, Kairo 1961, S. 224.

238 Zur bint ᶜamm-Ehe vgl. auch Heine, Ethnologie des Nahen..., a.a.O., S. 75ff.

239 Holden/Johns, a.a.O., S. 240.
240 Vgl. Bligh, From Prince to..., a.a.O., S. 41f.
241 PA des AA, Bonn, Nr. R 78 393, Bl. L 323 915, Deutsches Nachrichtenbüro, Kairo, 6.5.1934.
242 Ebenda, Bl. L 323 92O, Berliner Börsenzeitung, 8.5.1934.
243 Vgl. PA des AA, Bonn, Nr. R 78 390.
244 Vgl. Bligh, From Prince to..., a.a.O., S. 44.
245 Vgl. ebenda, S. 45.
246 Vgl. ebenda. König Faiṣal (1964-1975) versuchte, die traditionelle Vorrangstellung des Naǧd als dem Kernland der Sauds zu lockern und mehr die reichen Kaufmannsfamilien des Ḥiǧāz zu hofieren. Vgl. Reinhard Schulze, Islam und Herrschaft..., a.a.O., S. 123f. Der Grundstein für diese Politik wurde aber sicher schon in den dreißiger Jahren durch Faiṣal gelegt, um eine eigene solide Machtbasis zu haben.
247 Vgl. Bligh, From Prince to..., a.a.O., S. 45 (Fußnote bei Bligh: FO 371/17942, E6996/6090/25: Brief vom Indian Office in Buschir an das Foreign Office).
248 Vgl. ebenda. Saʿūd wurde bei seinem Italienaufenthalt mit großer Aufmerksamkeit behandelt. Vgl. PA des AA, Bonn, Nr. R 78 389, Bl. L 323 761-763, Hassell an AA, Rom, 31.5.1935.
249 Vgl. von Oppenheim, Die Beduinen. Bd. 1, a.a.O., S. 108 (Anm. 21).
250 Vgl. Bligh, From Prince to..., a.a.O., S. 45 (Fußnote bei Bligh: FO 371/16877, E36009/2401/25: Brief von Sir Ryan in Ǧidda an Sir John Simon in London, 14.6.1933).
251 Zit. nach: Bligh, From Prince to..., a.a.O., S. 46 (Fußnote bei Bligh: FO 371/17942, E6996/6090/25, 6.11.1934).
252 Vgl. ebenda.
253 Vgl. ebenda (Fußnote bei Bligh: FO 371/23271/588/25: Ǧidda-Report für November 1939).
254 Vgl. ebenda. Saʿūd war physisch stark, galt als guter Reiter und Schwertkämpfer und erfolgreicher Jäger. Hinzu kam, daß er häufig als Vorbeter fungierte. Seine enge Bindung an die Beduinenstämme soll nach Sanger den Ausschlag dafür gegeben haben, daß König Ibn Saʿūd seinen Sohn Saʿūd zum Kronprinzen ernannte. Vgl. R. Sanger, The Arabian Peninsula, New York 1954, S. 47f.
255 Vgl. ebenda (Fußnote: FO 371/27046, E110/110/65: Brief von Sir B. Newton in Bagdad an das Foreign Office in London, 6.1.1941; FO 371/27290, E141/34/89: Brief von Konsul Gardener in Damaskus to London, 7.1.1941).
256 Vgl. ebenda (Fußnote bei Bligh: RG 226/52747: intelligence report aus Damaskus, 6.1.1944). Die britischen Bemühungen, Faiṣal als König von Syrien einzusetzen, bezweckten zum einen, Syrien unter britischer Herrschaft zu belassen, zum anderen sollte der an die USA verlorengegangene Einfluß in Saudi-Arabien wieder verstärkt werden, indem Frankreich nicht als gleichberechtigtes Mitglied der Alliierten anerkannt wurde. Dem widersetzten sich natürlich die USA. Vgl. BArchP, Militärisches Zwischenarchiv, Film-Nr. WF-01/21 127, Bl. 620, 11.2.1944.
257 Vgl. Bligh, From Prince to..., a.a.O., S. 47.
258 Vgl. ebenda (Fußnote bei Bligh: FO 371/35161, E5551/3293/25: Brief von Mr. Wikeley in Ǧidda nach London, 31.8.1943).
259 Vgl. ebenda (Fußnote bei Bligh: RG 226/61338: intelligence report aus Ǧidda, 7.3.1944).
260 Vgl. ebenda.
261 Vgl. ebenda (Fußnote bei Bligh: RG 59/890, F.0011/10-2946, 29.10.1946).
262 Vgl. ebenda, S. 48.
263 Vgl. Philby, Arabian Jubilee, a.a.O., S. 264; Bligh, From Prince to..., a.a.O., S. 49.

264 Vgl. ʿAṭṭār, Aḥmad ʿAbd al-Ġafūr: Al-Amir Manṣūr, Kairo 1947, S. 28.
265 Vgl. Bligh, From Prince to..., a.a.O., S. 49.
266 Vgl. ebenda (Fußnote bei Bligh: FO 905/21, Minute Sheet 150/66, 27.6.1935); Ibrahim al-Rashid, Documents on the history of Saudi Arabia. Bd. 5: Saudi Arabia enters the Modern World. Secret U.S. Documents on the Emergence of the Kingdom of Saudi Arabia as a World Power, 1936-1949. Teil II, Salisbury, N. C., 1980, S. 194-195; RG 59/890, F.0011/2-1949: Brief von Childs an den Staatssekretär in Washington, 19. Februar 1949.
267 Vgl. Bligh, From Prince to..., a.a.O., S. 49.
268 Prinz Mišʿal, ein jüngerer Vollbruder Manṣūrs, folgte ihm unmittelbar nach seinem Tod auf den Posten des Verteidigungsministers. Er gab diesen Posten 1956 auf und wurde Berater von König Saʿūd und Mitglied des Ministerrates von 1957 bis 1962. Von 1962 bis 1971 war er Gouverneur von Mekka. Vgl. Lees, The Al Saʿūd..., a.a.O., S. 58. Daß er 1951 reibungslos Verteidigungsminister werden konnte, beweist, daß sein Bruder Manṣūr ihn in den Streitkräften massiv protegiert haben muß. Eine mir bekannte Quelle gibt eine andere Version des Todes von Manṣūr: er sei schon im Flugzeug auf dem Weg nach Frankreich in der Obhut britischer Ärzte verstorben. Er hatte sich bei den Briten unbeliebt gemacht aufgrund der Bevorzugung deutscher Offiziere beim Aufbau der saudischen Armee. Die Ermordung des britischen Vizekonsuls in Ǧidda 1951 durch Mišārī ibn ʿAbd al-ʿAzīz wurde als Blutrache dargestellt.
269 Bei diesem Trinkgelage wurden zwei raschididische Prinzen (ʿAbdallāh ibn Mitʿab Āl Rašīd und Saʿūd ibn ʿAbd al-ʿAzīz ibn Mitʿab Āl Rašīd) und ein Cousin getötet. Eine Kommission aus raschididischen Prinzen kam nach ar-Riyāḍ, um die Vorkommnisse zu untersuchen. Der Vorfall hat insofern Bedeutung, da er Licht auf die Behandlung der raschididischen Prinzen wirft, die insgesamt doch diskriminiert werden, so der Tenor mehrerer Autoren mit dem Familiennamen Rašīd. Vgl. Rashid, Documents on the history of Saudi Arabia. Bd. 5, a.a.O., S. 124-125 (Telegramm von Childs an Secretary of State, Ǧidda, 10.12.1947); Nāṣir Saʿīd, Tārīḫ Āl Saʿūd, o.O., o.J., S. 880ff. Zum Schicksal der raschididischen Prinzen vgl. Rasheed, Politics in an Arabian oasis..., a.a.O., S. 244-258.
270 Vgl. Aburish, Der märchenhafte Aufstieg..., a.a.O., S. 117ff.
271 Vgl. Bligh, From Prince to..., a.a.O., S. 52f.
272 Vgl. P. Rondot, Les hommes au pouvoir en Arabie saoudite. In: Maghreb-Machrek, Paris (1981) 81, S. 22-24. Ich hatte Ende Februar 1996 Gelegenheit, Kronprinz ʿAbdallāh zu sehen: Er zeigte in seinem Auftreten in Ǧanādrīya Volkstümlichkeit und Spontaneität, und als einziger aus der königlichen Familie ließ er es sich nicht nehmen, mit seinem Gewand den Tanzgruppen zuzuwinken und selbst am Säbeltanz teilzunehmen. Hier wird der Generationsunterschied deutlich, der 72jährige ʿAbdallāh steht noch tief in der Tradition, während die jüngeren Prinzen, die Enkelgeneration des Staatsgründers, zu dieser bereits eine recht große Distanz zu haben scheinen.
273 Ṭalāl ibn ʿAbd al-ʿAzīz gehörte zu den führenden Köpfen der Bewegung der "Freien Emire". 1953 wurde er im Alter von 22 Jahren Minister für Nachrichtenwesen. Dann wurde er zum Botschafter in Paris ernannt. 1960 kehrte er nach Saudi-Arabien zurück und wurde Finanzminister. Im September 1961 mußte er mit anderen Prinzen ins Ausland gehen. 1964 kehrte er nach Hause zurück. Seitdem ist er privater Geschäftsmann. Vgl. Lees, The Al Saʿūd..., a.a.O., S. 60.
274 Vgl. ebenda, S. 54f.
275 Die Söhne Saʿūds sollen an der Ermordung Faiṣals beteiligt gewesen sein. Vgl. Wagner, Saudi-Arabien als Zentrum..., a.a.O., S. 45; The Arab World Weekly, Beirut, 17.5.1975, S. 9.

276 S.K. Aburish, Der märchenhafte Aufstieg und Verfall des Hauses Saud. Ist Saudi-Arabien als Partner des Westens noch tragbar? München 1994, S. 82f. Hier seien nur Fahd ibn Ḫālid as-Sudairī (Gouverneur von Naǧrān) und Muḥammad ibn Turkī as-Sudairī (Gouverneur der Ǧaizān-Provinz) genannt.
277 Vgl. ebenda, S. 93.
278 Vgl. ebenda, S. 206.
279 Vgl. ebenda, S. 91.
280 Vgl. ebenda, S. 93, sowie Henderson, After King Fahd..., a.a.O., S. 34.
281 Vgl. ebenda, S. 91.
282 Ebenda, S. 273.
283 Ebenda, S. 13.
284 Der letzte, gescheiterte Militärputsch fand 1969 statt. Vgl. Rondot, Les hommes au pouvoir..., a.a.O., S. 23.
285 Zu Fragen des politischen Systems vgl. Henner Fürtig, Demokratie in Saudi-Arabien? Die Āl Saʿūd und die Folgen des zweiten Golfkrieges, Berlin 1995.
286 Aburish, Der märchenhafte Aufstieg..., a.a.O., S. 102.
287 Zu Text und Kommentar vgl. Middle East Contemporary Survey, 16 (1992), S. 668-701, sowie ebenda, 17 (1993), S. 575ff.
288 Die genauen Bestimmungen lauten: ... (b) Rule passes to the sons of the founding King, Abd al-Aziz Bin Abd al-Rahman al-Faysal Al Saʿud, and to their children's children. The most upright among them is to receive allegiance in accordance with the principles of the Holy Koran and the Tradition of the Venerable Prophet. (c) The King choose the Heir apparent and relieves him of his duties by royal order. (d) the Heir Apparent is to devote his time to his duties as an Heir Apparent and to whatever missions the king entrusts him with. (e) The Heir Apparent takes over the powers of the King *on the latter's death until the act of allegiance has been carried out* (Hervorhebung der Autoren - U.P.). Vgl. Constitutional Amendment Decrees of 1992, Artikel Fünf, Abschnitte b-e; R. Hrair Dekmejian, The Rise of Political Islamism in Saudi Arabia. In: The Middle East Journal, Washington 48 (1994) 4, S. 633f.
289 G. Kepel, Die Rache Gottes, Radikale Moslems, Christen und Juden auf dem Vormarsch, München 1994, S. 54.
290 Vgl. Abdelmoneim Issa, Legitimität und Stabilität im Nahen Osten: Saudi-Arabien. Methodologische und theoretische Überlegungen zum Legitimationsprozess in Saudi-Arabien. In: Arbeitsmaterialien zur vergleichenden Kulturforschung, Heft 7, Siegen: 1988.
291 Geertz, Religiöse Entwicklungen..., a.a.O., S. 116.
292 Aburish, Der märchenhafte Aufstieg..., a.a.O., S. 106.
293 Henderson, After King Fahd..., a.a.O., S. 22.
294 Ebenda, S. 25.
295 Ebenda, S. 26.
296 Mišārī ibn Saʿūd ibn ʿAbd al-ʿAzīz ist Kommandeur ein Einheit der Nationalgarde in der Ostprovinz, Muʿataz ibn Saʿūd ibn ʿAbd al-ʿAzīz ist Hauptmann der Nationalgarde und leitet gegenwärtig das Büro der saudischen Nationalgarde in Washington. Vgl. Henderson, After King Fahd..., a.a.O., Appendix VII, S. 68.
297 Vgl. ebenda, S. 26ff.
298 Vgl. Lees, A Handbook of The Al Saʿud..., a.a.O.

Anhang

Genealogische Übersichten

1. Parallelcousinenheiraten innerhalb der Lineage von Ibn Saʿūd*

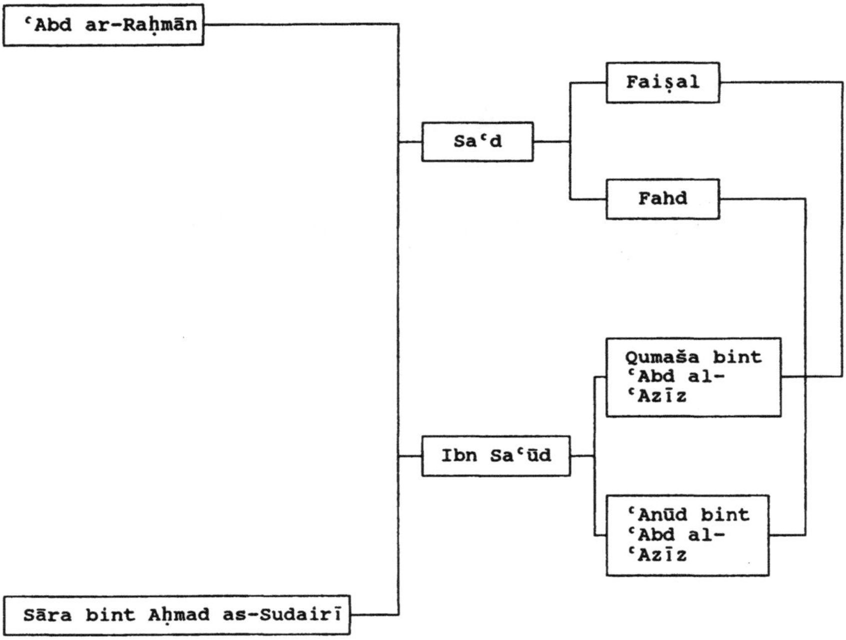

* Diese und die folgenden Genealogien wurden erarbeitet auf der Grundlage von A. Bligh, From Prince to King. Royal Succession in the House of Saud in the Twentieth Century, London-New York 1984; B. Lees, A Handbook of the Al Sa'ud - Ruling Family of Saudi Arabia, London 1980.

2. Hauptzweige der Saʿūd-Familie

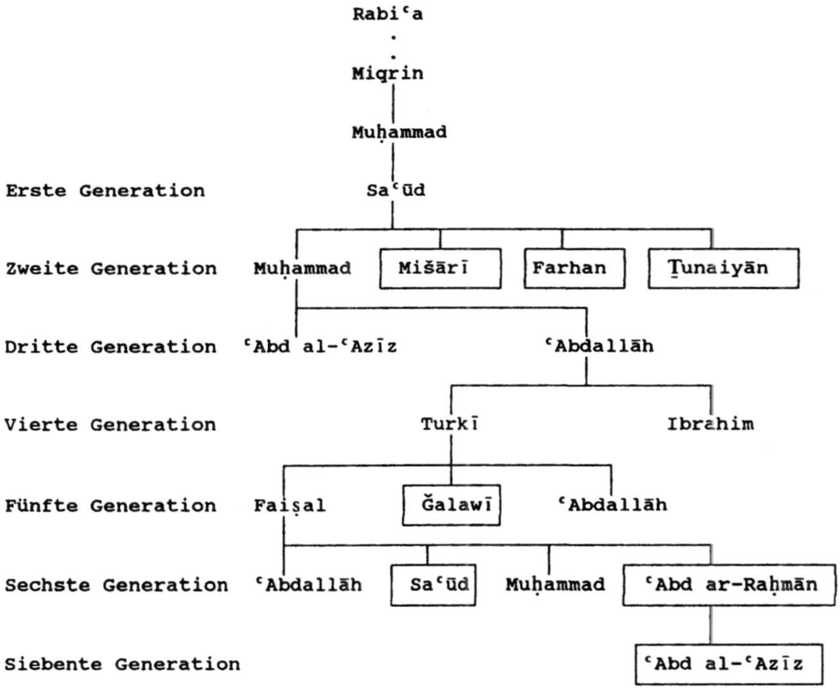

3. Nachkommen von Turkī ibn ʿAbdallāh

Vierte Generation	Turkī ibn ʿAbdallāh b. Muḥammad (†1834)	
Fünfte Generation	ʿAbdallāh Ǧalawī	Faiṣal (†1865)
Sechste Generation	1. ʿAbdallāh (†1938) 2. Musāʿid 3. Fahd	1. ʿAbdallāh 2. Saʿūd (†1875) 3. Muḥammad 4. ʿAbd ar-Raḥmān (1850-1928)
Siebente Generation		1. Faiṣal (ca. 1870-1890) 2. Ibn Saʿūd (ca. 1880-1953) 3. Muḥammad (ca. 1880-1943) 4. Saʿd (†1916) 5. Saʿūd (1890-1965) 6. Aḥmad (1899-) 7. ʿAbdallāh (1900-1976) 8. Musāʿid (1922-) 9. Saʿd (1924-1955)
Achte Generation		1. Ḫālid (1903-1938) 2. Fahd (1904-) 3. Saʿūd (1910-1936) 4. ʿAbdallāh (1912-1973)

4. Genealogie von König Saʿūd

Siebente
Generation   ʿAbd al-ʿAzīz   —   Heirat   —   Dahha (Banū-Ḫālid-Stamm)
                    (ca. 1880–1953)

Achte
Generation   Turkī (1900–1919)   Saʿūd (1902–1969)

Neunte
Generation   Faiṣal (1920–1969)   1. Fahd (1923–)
                                                      2. Musāʿid
                                                      3. Muḥammad (1930–)
                                                      4. ʿAbdallāh
                                                      5. Faiṣal
                                                      6. Ḫālid
                                                      7. ʿAbd al-Muḥsin
                                                      8. ʿAbd ar-Raḥmān (1946–)
                                                      9. Manṣūr (1946–)
                                                      10. ʿAbd al-Ilāh (1947–)
                                                      11. Saʿd
                                                      .
                                                      .
                                                      .
                                                      40.

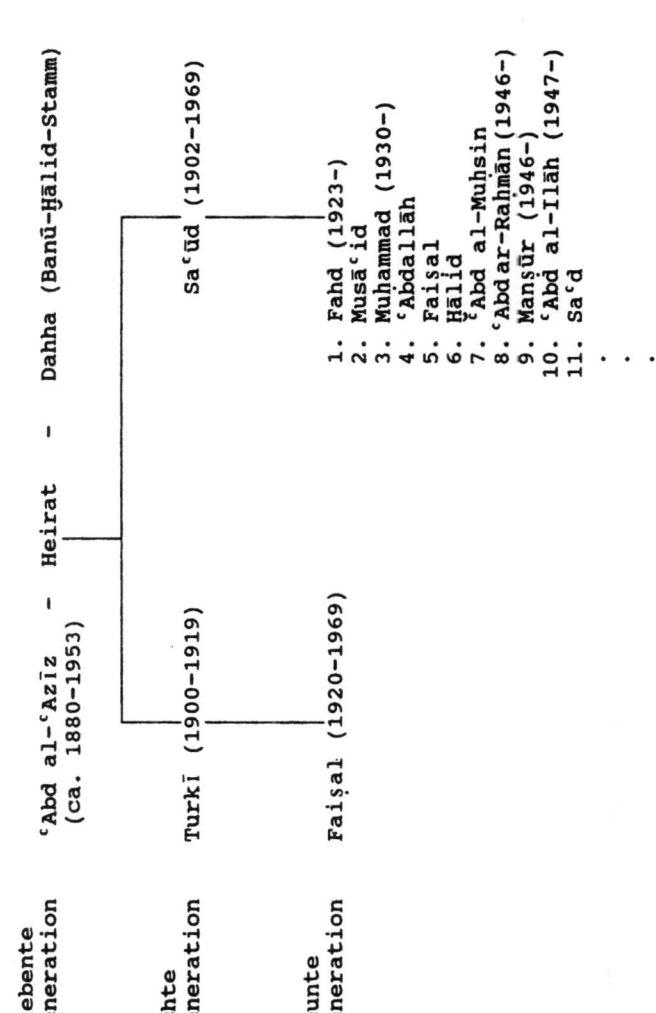

5. Genealogie von König Faiṣal

	Saᶜūdi Familie		Āl a -Šaiḫ Familie
Sechste Generation	ᶜAbd ar-Raḥmān (1850-1928)		ᶜAbdallāh b. ᶜAbd al-Laṭīf
Siebente Generation	Ibn Saᶜūd - (ca. 1880-1953)	Heirat -	Tarfa († ca. 1912)
Achte Generation		Faiṣal (1906-1975)	
Neunte Generation		1. ᶜAbdallāh (1921-) 2. Muḥammad (1937-) 3. Ḫālid (1939-) 4. Saᶜūd (1940-) 5. ᶜAbd al-Rahmān (1941-) 6. Saᶜd (1942-) 7. Bandar (1943-) 8. Turkī (1945-)	

6. Genealogie von König Ḫālid

Vierte Generation		Turkī ibn ᶜAbdallāh b. Muḥammad	
Fünfte Generation		1. ᶜAbdallāh 2. Ǧalawī 3. Faiṣal (†1895)	
Sechste Generation	1. ᶜAbdallāh (†1938) 2. Musāᶜid 3. Fahd		ᶜAbd ar-Raḥmān (1850-1928)
Siebente Generation	Ǧauhara (†1919)	- Heirat (1908) -	ᶜAbd al-ᶜAzīz (ca. 1880-1953)
Achte Generation		1. Muḥammad (1910-) 2. Ḫālid (1912-1982)	

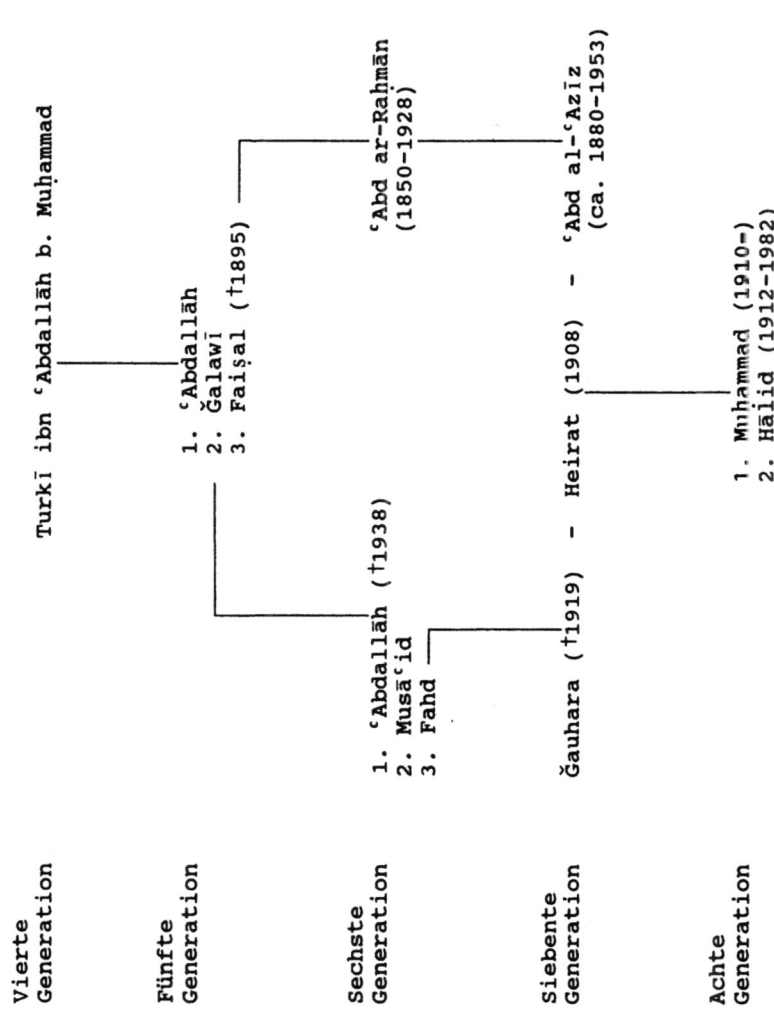

7. König Fahd und die Sudairī-Sieben

Siebente   Ibn Saʿūd   -   Heirat   -   Hazzaʾ bint Aḥmad as-Sudairī
Generation (ca. 1800-1953)   (ca. 1921)

Achte
Generation
                1. Fahd (1921-)
                2. Sulṭān (1924-)
                3. ʿAbd ar-Raḥmān (1926-)
                4. Nāʾif (1933-)
                5. Turkī (1934-)
                6. Salmān (1936-)
                7. Aḥmad (1937-)

Neunte   1. Faiṣal (1945-)   1. Ḫālid
Generation 2. Ḫālid   2. Faiṣal
            3. Saʿūd   3. Bandar (1949-)
            4. Muḥammad   4. ʿAbd ar-Raḥmān
            5. Sulṭān (1951-)   5. Fahd (1950-)
                                           6. Turkī

8. bint ʿamm und bint ḫala innerhalb der Āl Saʿūd (Auswahl)

1.	Muḥammad b. Fahd b. ʿAbd al-ʿAzīz	Nūra bint Nāyif b. ʿAbd al-ʿAzīz
2.	Saʿd b. ʿAbd ar-Raḥmān (Vollbruder Ibn Saʿūds)	Ǧauhara bint as-Sudairī (nach Tod Saʿds 1916 Frau von Ibn Saʿūd)
3.	Turkī b. Faiṣal (Chef des Geheimdienstes)	Schwester von Ḫālid b. Fahd b. Ḫālid b. Muḥammad b. ʿAbd ar-Raḥmān
4.	Turkī b. ʿAbd al-ʿAzīz (Geschäftsmann)	Nūra bint ʿAbdallāh b. ʿAbd ar-Raḥmān
5.	b. Faiṣal b. ʿAbd al-ʿAzīz Oberstleutnant der Luftwaffe)	Tochter von Sulṭān b. ʿAbd al-ʿAzīz
6.	Saʿūd b. Faiṣal b. ʿAbd al-ʿAzīz (Außenminister)	Ǧauhara bint ʿAbdallāh b. ʿAbd ar-Raḥmān
7.	Faiṣal b. ʿAbd al-ʿAzīz (König 1964-1975)	Sulṭāna bint Aḥmad as-Sudairī[1]
8.	Saʿd b. ʿAbd ar-Raḥmān	Qumaša bint ʿAbd al-ʿAzīz
9.	Saʿd b. ʿAbd ar-Raḥmān	ʿAnūd bint ʿAbd al-ʿAzīz
10.	Muḥammad b. ʿAbd ar-Raḥmān	Haiya bint Saʿd b. ʿAbd ar-Raḥmān[2]

1 Aus dieser Verbindung ging ʿAbdallāh ibn Faiṣal (bis 1960 Innenminister) hervor.

2 Aus dieser Ehe ging ʿAbdallāh ibn Muḥammad hervor (Gouverneur von al-Qaṣīm).

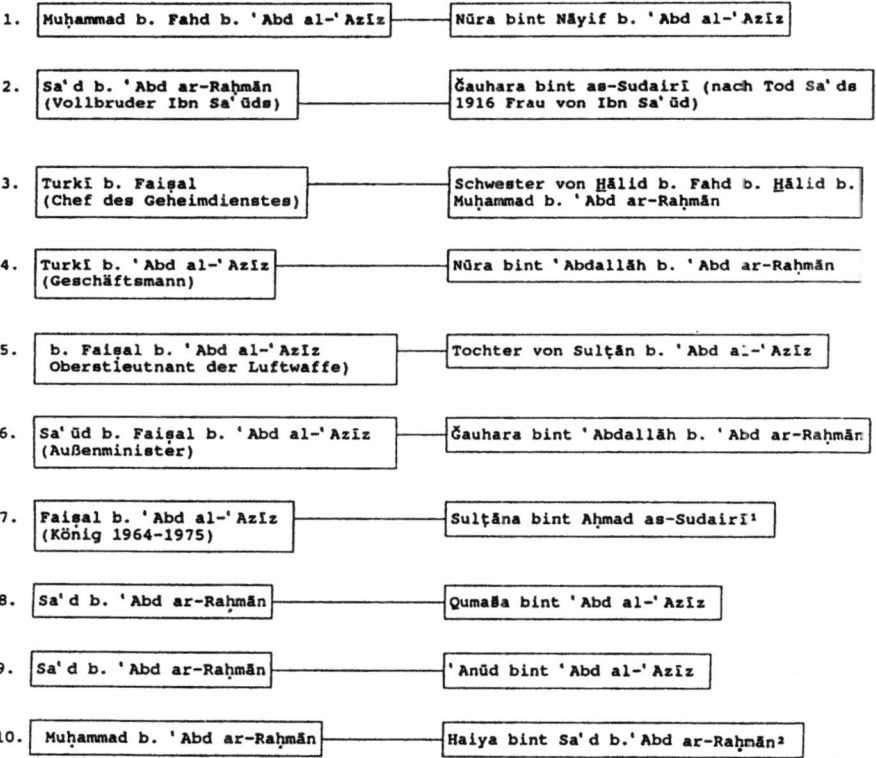

9. Genealogie der ᶜArāʾif

Fünfte Generation		Faiṣal b. Turkī b. ᶜAbdallāh (†1865)
Sechste Generation		1. ᶜAbdallāh 2. Saᶜūd (herrschte 1871, 1873-75, †1875) 3. Muḥammad 4. ᶜAbd ar-Raḥmān (1850-1928)
Siebente Generation	ᶜAbd Al-ᶜAzīz 2. Saᶜd . . . 6.	ᶜAbd Al-ᶜAzīz
Achte Generation	Saᶜūd (genannt al-Kabir) Turkī	Faiṣal Fahd Saᶜūd

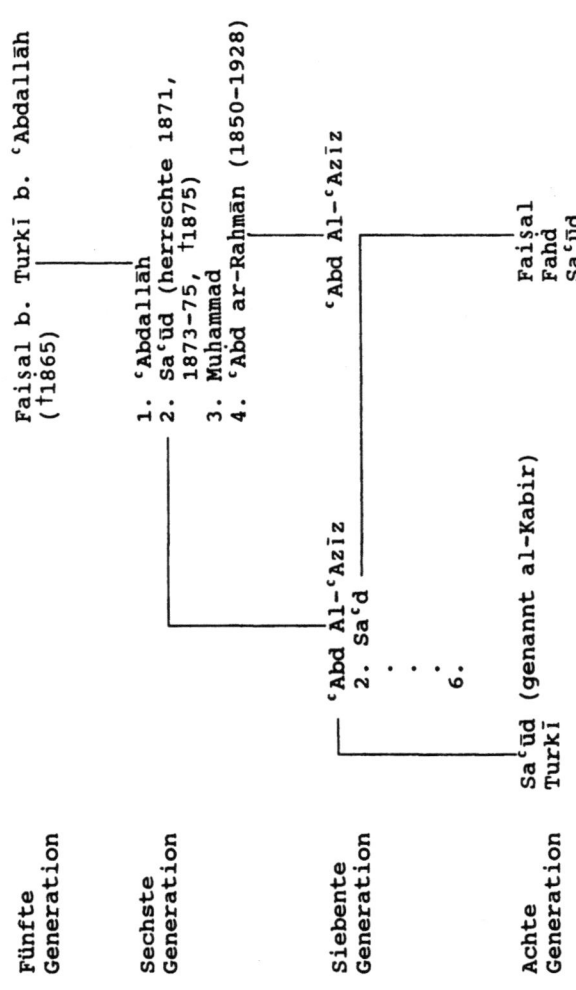

10. Die Imame der Āl Sa'ūd

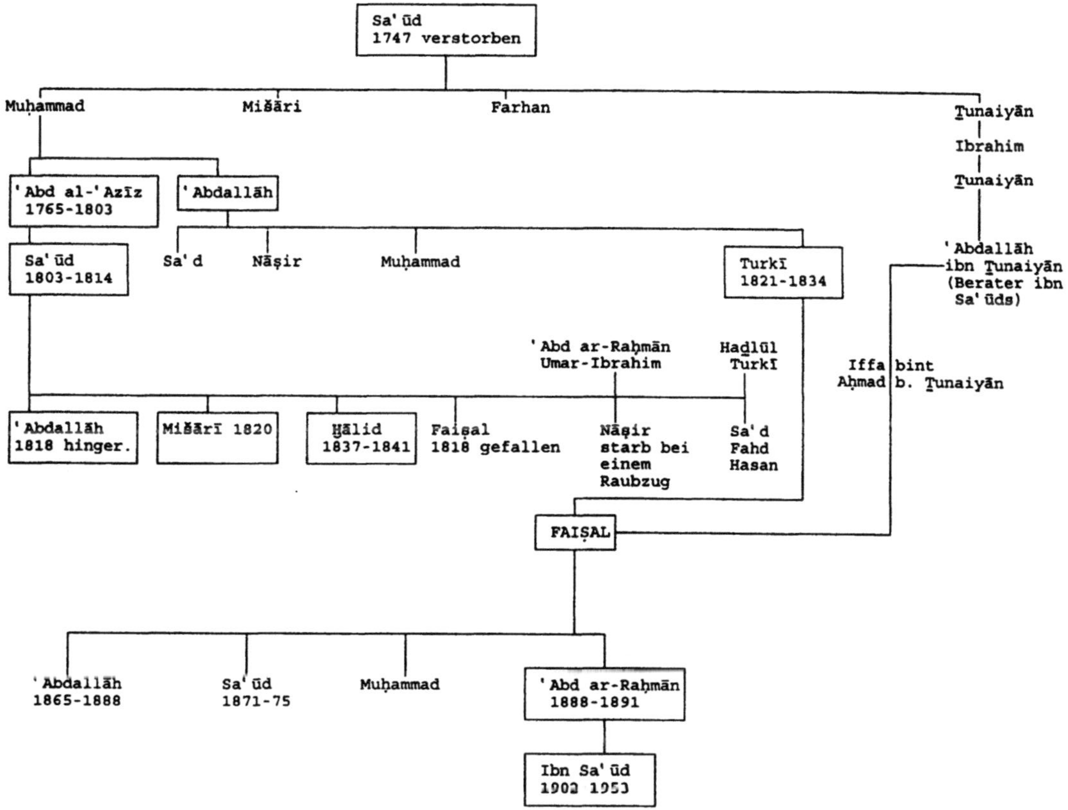

11. Genealogie der Āl Sa'ūd

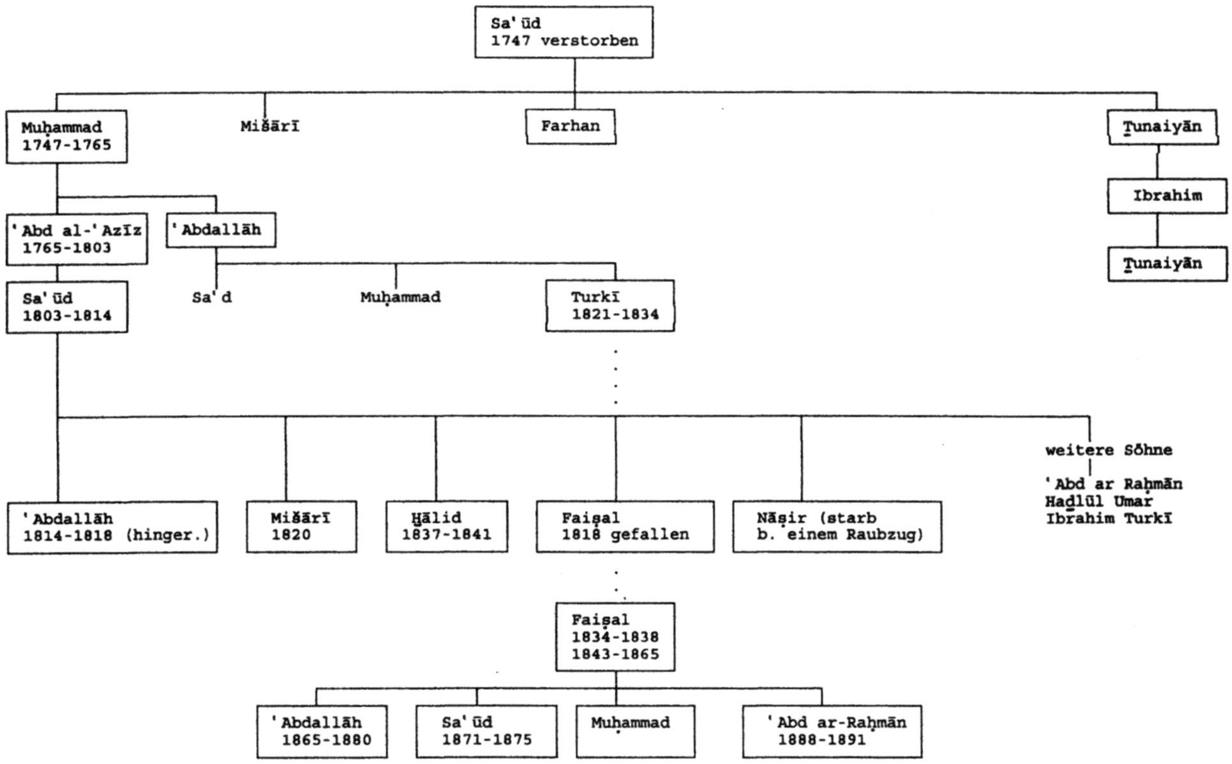

12. Vernetzung zwischen Āl Faiṣal und den Sudairī

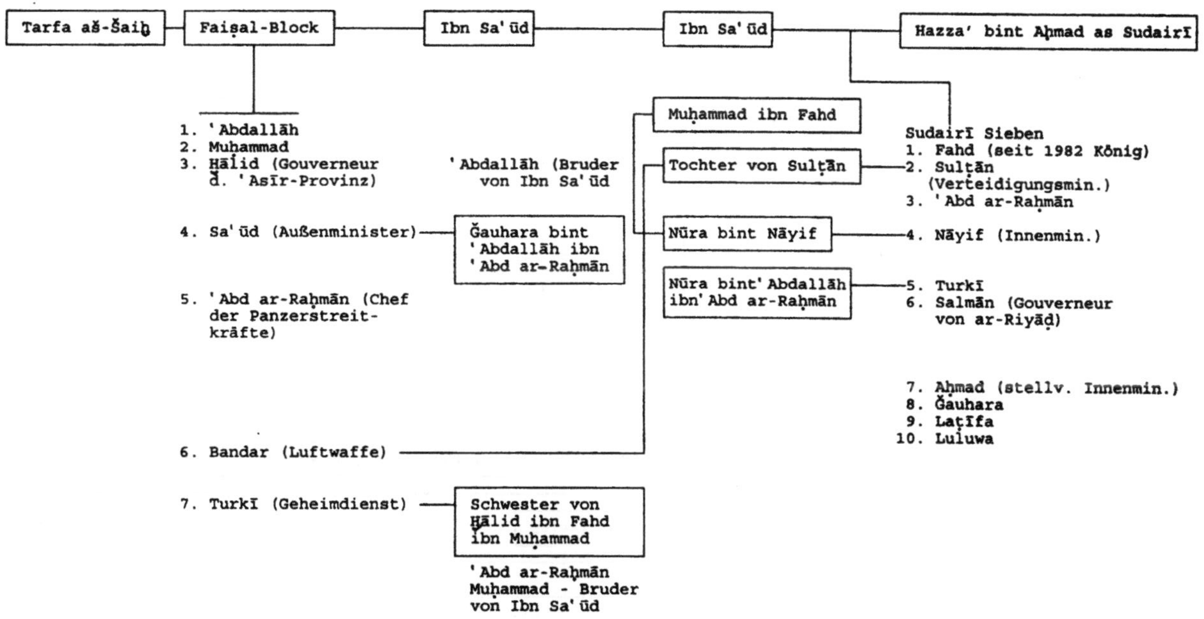

13. Der Turkī ibn 'Abdallāh-Zweig

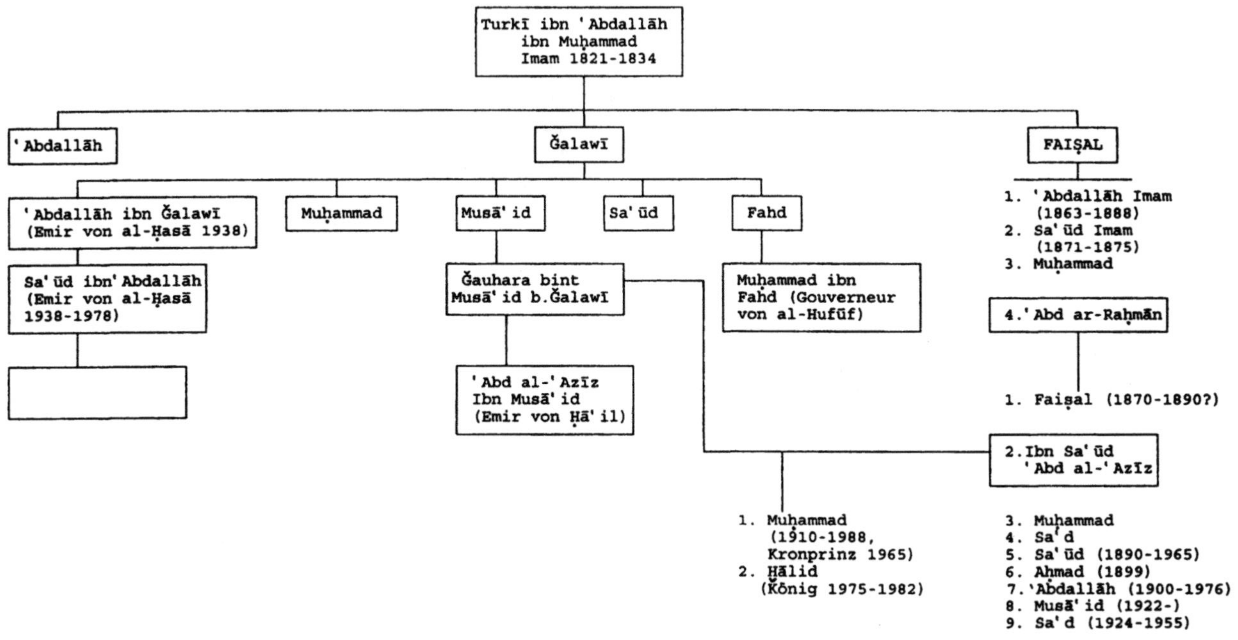

14. Der Sudairī-Clan

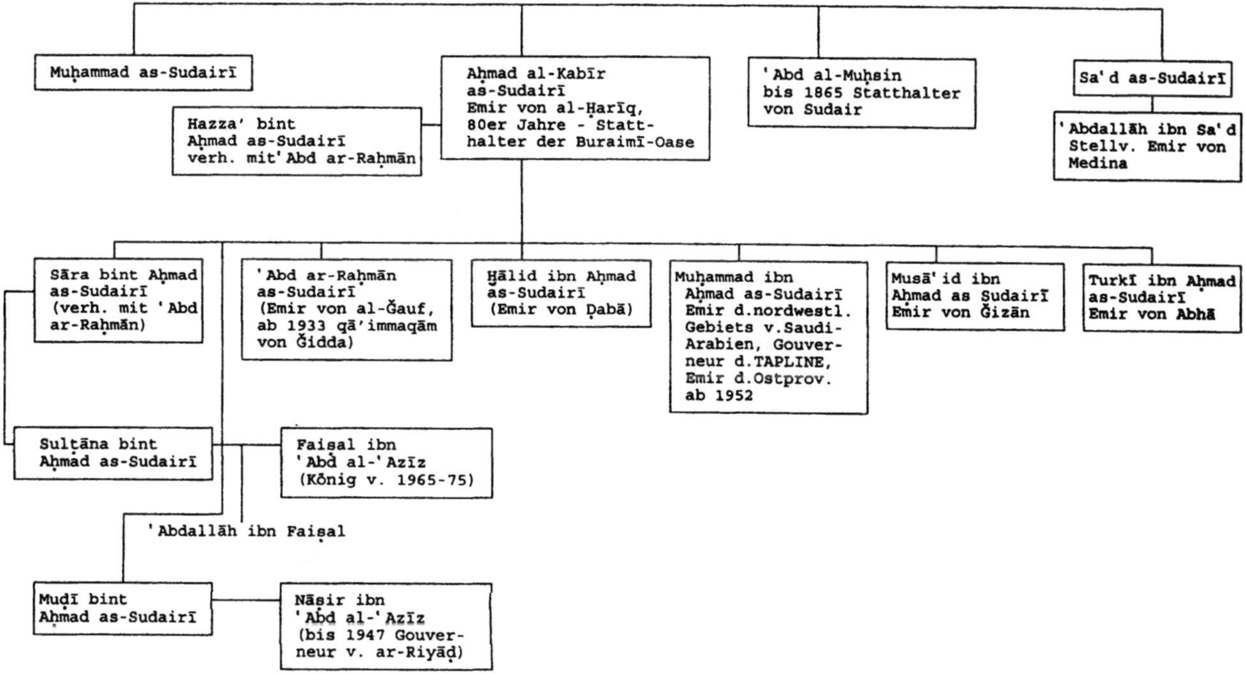

15. Der Sudairī-Clan

Sa'd as-Sudairī

Aḥmad b. Muḥammad as-Sudairī
Emir von al-Ḥarīq

'Abd al-Muḥsin as-Sudairī

Söhne

1. Turkī b. Aḥmad as-Sudairī
   Emir von Abhā
2. Ḫālid b. Aḥmad as-Sudairī
   Emir von Ḍabā
3. 'Abd ar-Raḥmān b. Aḥmad as-Sudairī
   qā'immaqām von Ǧidda
4. Muḥammad b. Aḥmad as-Sudairī
   Muḥafiz von aṭ-Tabila'in
5. 'Abdallāh b. Sa'd as-Sudairī

Töchter

1. Sāra bint Aḥmad as-Sudairī
   Mutter von Ibn Sa'ūd
2. Hazza' bint Aḥmad as-Sudairī
   Mutter von Muḥammad b.'Abd al-'Azīz
3. Sulṭāna bint Aḥmad as-Sudairī
4. Muḍī bint Aḥmad as-Sudairī

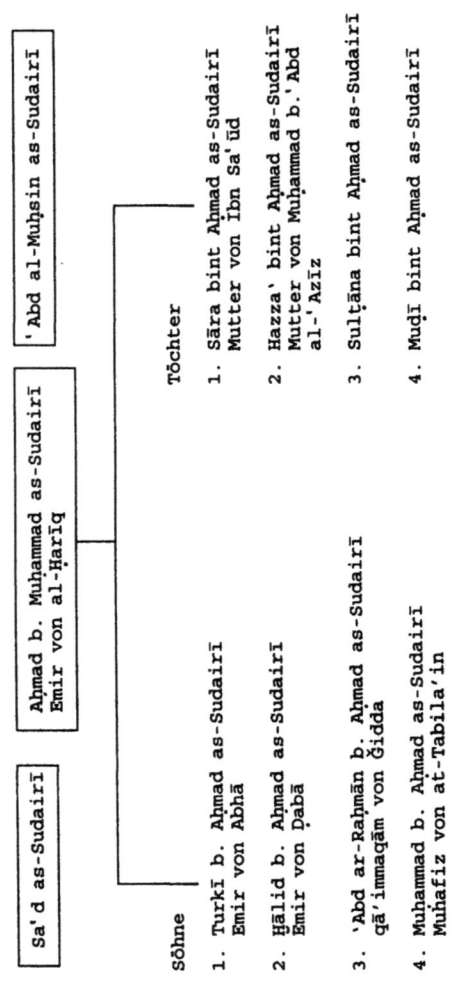

16. Die Āl-Sa'ūd-Zweige

Mani Al Muraidi b. Rabi'a
6 Generationen

Sa'ūd b. Muḥammad b. Miqrin (gest. 1747)

- Farhan (1744-1765)
  - Āl Farhan
  - 'Abdallāh
  - Āl Turkī
  - 'Abdallāh
  - Turkī
- Sa'ūd
  - Sa'ūd al-Kabīr
  - 'Abd al-'Azīz b. Sa'ūd
- Ṯunaiyān
  - Āl Ṯunaiyān
  - Ğalawī
  - Āl Ğalawī
  - Muḥammad
  - kinderlos
- Muḥammad b. Sa'ūd
  - 4 Generationen
  - Turkī b. 'Abdallāh
  - Faiṣal (1843-1863)
  - 'Abd ar-Raḥmān
  - Faiṣal (1870-1920)
  - Fahd (geb. 1875)
  - 'Abd al-'Azīz (Ibn Sa'ūd)
    - Muḥammad (ca. 1880
    - Sa'd (gest. 1916)
    - Sa'ūd (gest. 1969)
    - 'Abdallāh (gest. 1977)
    - Aḥmad (geb. 1920)
    - Sa'd (gest. 1956)
    - Musā'id (geb. 1922)

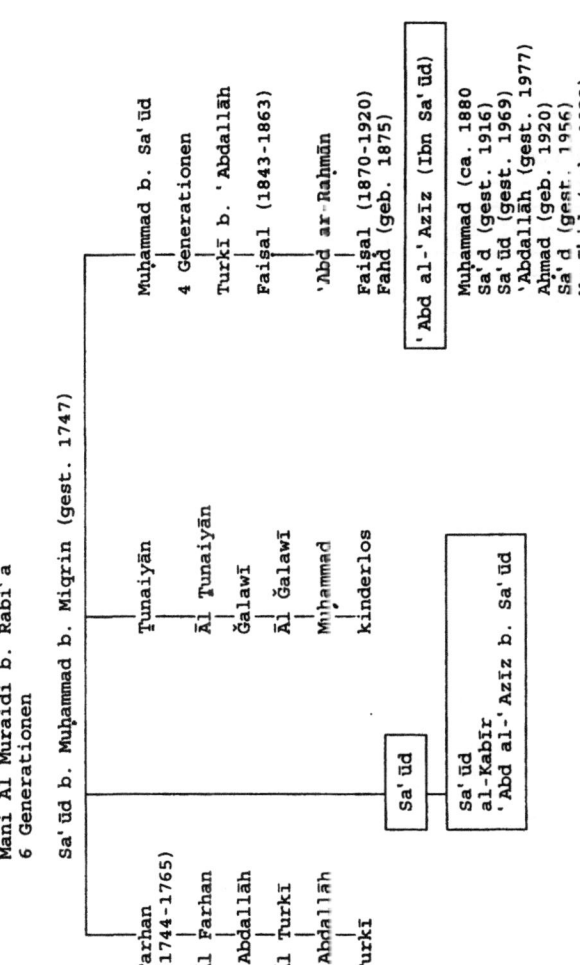

17. Nachkommen von Ibn Sa'ūd

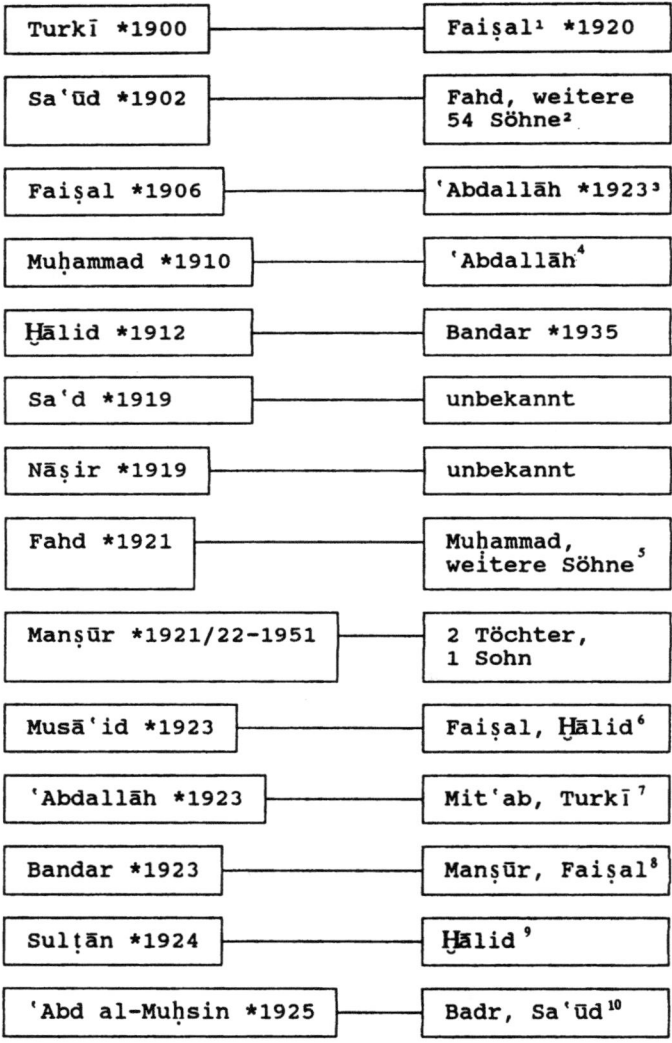

Turkī *1900	Faiṣal[1] *1920
Sa'ūd *1902	Fahd, weitere 54 Söhne[2]
Faiṣal *1906	'Abdallāh *1923[3]
Muḥammad *1910	'Abdallāh[4]
Ḫālid *1912	Bandar *1935
Sa'd *1919	unbekannt
Nāṣir *1919	unbekannt
Fahd *1921	Muḥammad, weitere Söhne[5]
Manṣūr *1921/22-1951	2 Töchter, 1 Sohn
Musā'id *1923	Faiṣal, Ḫālid[6]
'Abdallāh *1923	Mit'ab, Turkī[7]
Bandar *1923	Manṣūr, Faiṣal[8]
Sulṭān *1924	Ḫālid[9]
'Abd al-Muḥsin *1925	Badr, Sa'ūd[10]

Mišārī *1930	unbekannt
Mit'ab *1931	unbekannt
Ṭalāl *1931	Walid
Badr *1933	unbekannt
Nawwaf *1933	unbekannt
Na'īf *1933	Sa'ūd,[11] Muḥammad
Turkī *1934	Faiṣal, Fahd, Ḫālid, Sulṭān
Fawwāz *1934	unbekannt
Salmān *1936	Fahd, Sulṭān,[12] Aḥmad, 'Abd al-'Azīz
Māǧid *1936	unbekannt
Aḥmad *1937	unbekannt
Ṯāmir *1937	unbekannt
'Abd al-Ilāh *1938	unbekannt
Saṭṭām *1940	unbekannt
Mamdūḥ *1940	unbekannt

Hadlūl *1941	unbekannt
Mašhūr *1942	unbekannt
'Abd al-Maǧīd *1942	unbekannt
Miqrin *1943	unbekannt
Ḥamūd *1947	unbekannt

1 Erster Enkel Ibn Sa'ūds.
2 Zu diesen Söhnen zählen Muḥammad ibn Sa'ūd (Gouverneur der Provinz al-Bāḥa), Mišārī ibn Sa'ūd (Kommandeur einer Einheit der Nationalgarde in der Ostprovinz) und Mu'ataz ibn Saud (Hauptmann der Nationalgarde und Leiter des Büros der saudischen Nationalgarde in Washington).
3 'Abdallāh, Muḥammad, Ḫālid (Gouverneur der Provinz 'Asīr), Sa'ūd (Außenminister), 'Abd ar-Raḥmān (Chef der Panzerstreitkräfte), Sa'd, Bandar (Oberstleutnant der Luftwaffe), Turkī (Geheimdienstchef).
4 Ehemaliger Gouverneur der Provinz al-Qaṣīm sowie weitere Söhne.
5 Muḥammad ibn Fahd ist seit 1985 Gouverneur der Ostprovinz, weitere Söhne sind 'Abd al-'Azīz (jüngster und Lieblingssohn des Königs, Präsident einer Wohlfahrtsorganisation), Ḫālid (geb. 1947, Geschäftsmann) und Sa'ūd (stellv. Geheimdienstchef).
6 Ḫālid gehörte zur Opposition gegen die Modernisierungsbestrebungen König Faiṣals. Sein Tod wurde 1975 von seinem Bruder an König Faiṣal gerächt.
7 Mit'ab und Turkī ibn ʿAbdallāh leisten in der Nationalgarde Dienst. Faisal ist Absolvent der Militärakademie Sandhurst und Ḫālid, der älteste Sohn ʿAbdallahs, ist stellvertretender Chef der Nationalgarde. Weitere Söhne sind Mišʿal und Turkī.
8 Manṣūr ist Kommandeur einer Luftwaffenbasis am Hafen von Ǧidda und Faiṣal Gouverneur der Provinz al-Qaṣīm
9 Ḫālid war Chef der Luftwaffe und Kommandeur der saudischen Streitkräfte während des Golfkrieges. Weitere Söhne von Sulṭān sind Bandar (Botschafter in den USA), Fahd (Gouverneur der Provinz Tabūk), Faiṣal (Generaldirektor des Planungsministeriums), Muḥammad und Turkī (Informationsministerium).
10 Saʿūd ist seit 1992 eigentlicher Gouverneur von Mekka.
11 Stellvertretender Gouverneur der Ostprovinz seit Februar 1993.
12 Erster saudischer Astronaut, Luftwaffenoffizier.

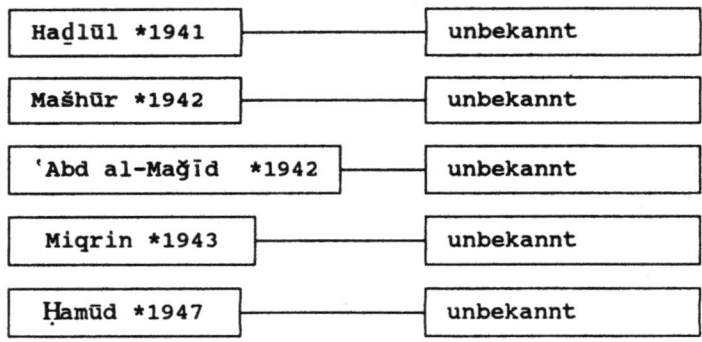

18. Ibn Sa'ūds Söhne

	1	2	3	4	5	6	7	8	9	10	11	12	13	14	15	16	17
1900	Turkī																
1902	Sa'ūd																
1904		Faiṣal															
1910			Muḥammad														
1912			Ḫālid														
1920				Nāṣir	Sa'd												
1921						Fahd											
1922							Manṣūr										
1923					Musā'id			'Abdallāh	Bandar								
1924						Sulṭān											
1925					A.Muḥsin												
1926							Miš'al										
1928							Mit'ab										
1931						A.Raḥmān				Ṭalāl							
1932											Mišārī						
1933						Na'īf				Nawwaf		Badr					
1934						Turkī			Fawwāz								
1935												A.Ilāh					
1936						Salmān											
1937													Māǧid	Ṯāmir			
1940						Aḥmad						Māǧid		Mamdūḥ			
1941															Haḏlūl		
1942														Mašhūr			
1943													Saṭṭām			Miqrin	
1947																	Ḥamūd

Frauen von König Ibn Sa'ūd:

1. Waḍba bint Muḥammad (Banū Ḫālid-Stamm)
2. Ṭarfa bint aš-Šaiḫ (Familie aš-Šaiḫ)
3. Ǧauhara bint Musā'id ibn Ǧalawī
4. Basa
5. Ǧauhara bint Sa'd as-Sudairī
6. Ḥazza' bint Aḥmad as-Sudairī
7. Šahida
8. Fahd 'Asī aš-Šuraim (Šammar-Stamm)
9. Basa
10. Munaiǧir (Umm Ṭalāl)
11. Bušra
12. Haiya bint Sa'd as Sudairī
13. Muḍī
14. Nawf bint aš-Ša'lān (Ruwalā-Stamm)
15. Saida al-Yamanīya (jemenitischer Ursprung)
16. Baraka al-Yamanīya (jemenitischer Ursprung)
17. Fuṭaima al-Yamanīya (jemenitischer Ursprung)

ZENTRUM MODERNER ORIENT

ARBEITSHEFTE

Nr. 1 ANNEMARIE HAFNER/JOACHIM HEIDRICH/PETRA HEIDRICH: Indien: Identität, Konflikt und soziale Bewegung

Nr. 2 HEIKE LIEBAU: Die Quellen der Dänisch-Halleschen Mission in Tranquebar in deutschen Archiven. Ihre Bedeutung für die Indienforschung

Nr. 3 JÜRGEN HERZOG: Kolonialismus und Ökologie im Kontext der Geschichte Tansanias - Plädoyer für eine historische Umweltforschung (herausgegeben von Achim von Oppen)

Nr. 4 GERHARD HÖPP: Arabische und islamische Periodika in Berlin und Brandenburg, 1915 - 1945. Geschichtlicher Abriß und Bibliographie

Nr. 5 DIETRICH REETZ: Hijrat: The Flight of the Faithful. A British file on the Exodus of Muslim Peasants from North India to Afghanistan in 1920

Nr. 6 HENNER FÜRTIG: Demokratie in Saudi-Arabien? Die Āl Saʿūd und die Folgen des zweiten Golfkrieges

Nr. 7 THOMAS SCHEFFLER: Die SPD und der Algerienkrieg (1954-1962)

Nr. 8 ANNEMARIE HAFNER (Hg.): Essays on South Asian Society, Culture and Politics

Nr. 10 UTE LUIG/ACHIM VON OPPEN (Hg.): Naturaneignung in Afrika als sozialer und symbolischer Prozesse

Nr. 11 GERHARD HÖPP/GERDIEN JONKER (Hg.): In fremder Erde. Zur Geschichte und Gegenwart der islamischen Bestattung in Deutschland

Nr. 12 HENNER FÜRTIG: Liberalisierung als Herausforderung. Wie stabil ist die Islamische Republik Iran?

Nr. 13 UWE PFULLMANN: Thronfolge in Saudi-Arabien - vom Anfang der wahhabitischen Bewegung bis 1953

In Vorbereitung:

Nr. 9 GERHARD HÖPP: Muslime in der Mark. Als Kriegsgefangene in den brandenburgischen Sonderlagern Wünsdorf und Zossen

Nr. 14 DIETRICH REETZ/HEIKE LIEBAU (Hg.): Globale Prozesse und "Akteure des Wandels": Quellen und Methoden ihrer Untersuchung

Nr. 15 BERNT GLATZER (Hg.): Essays on South Asian Society, Culture and Politics II

Bei Fragen zur Produktsicherheit wenden Sie sich bitte an:
If you have any questions regarding product safety,
please contact:

Walter de Gruyter GmbH
Genthiner Straße 13
10785 Berlin
productsafety@degruyterbrill.com